W0192318

TEL AVIV

ABENTEUER

SABINE BRANDES

1

2

3

4

5

6

7

8

Michael Müller Verlag

DIE AUTORIN:

+++ SABINE BRANDES +++

+++ GEBOREN 1968 IN SALZGITTER +++ WIRTSCHAFTS-STUDIUM +++ VOLONTARIAT BEI DER NEUEN WESTFÄLISCHEN ZEITUNG +++ SEIT 20 JAHREN FREIE AUSLANDSKORRESPONDENTIN IN ISRAEL +++ SCHREIBT U. A. FÜR DIE JÜDISCHE ALLGEMEINE, NEUE WESTFÄLISCHE, SALZBURGER NACHRICHTEN, KLEINE ZEITUNG GRAZ +++ KENNT ISRAEL SEIT DEN 1980ERN +++ HAT SICH MIT IHRER FAMILIE IN TEL AVIV NIEDERGELASSEN UND WILL NICHT MEHR WEG +++

SCHON ALS TEENAGER FAND ICH: Tel Aviv ist die prickelndste Stadt der Welt. Erlebnisse gibt es rund um die Uhr, schlafen kann man wann anders. Umso aufgeregter war ich, auf Entdeckungstour zu gehen. Ich hangelte mich an Kletterseilen in luftige Höhen, flog mit dem riesigen Heliumballon, schaute von Wolkenkratzern hinab – und bekam eine völlig neue Perspektive. Mit Fremden tanzte ich durch die Nacht, traf unerwartete Bewohner eines fast geheimen Gartens, aß mich an heiligem Humus satt und surfte der Skyline entgegen. Oft war ich von Freude berauscht. Lassen Sie sich anstecken von der Lebenslust Tel Avivs, stürzen Sie sich in Abenteuer, gönnen Sie sich ein Gazoz – und lassen Sie es dabei so richtig prickeln!

Sabine Brandes
Tel Aviv – Abenteuer

WIE NÄHERT MAN SICH EINEM WELTBEKANNTEN ORT MAL ANDERS?

Wir wollten das übliche Reiseführer-Konzept einmal komplett umdrehen. Dafür haben wir die Sehenswürdigkeiten klein- und die Erlebnisse großgezogen. Es geht darum, die Mentalität einer Stadt, einer Insel oder einer Region zu erkunden: durch Abenteuer, die jeder selbst unternehmen kann – und die man gar nicht so leicht via Google und Co. findet!

Im Mittelpunkt der Erlebnisse stehen außergewöhnliche Unternehmungen abseits aller Klischees: unerwartete Führungen, aber auch Kulinarik, Ausflüge in die Natur, manchmal Lost Places. Dabei war uns wichtig, dass die meisten Erlebnisse kostenlos oder günstig (= 15 Euro oder weniger) sind.

Außerdem gilt: Die Abenteuer finden häufig statt und sind von echten Expertinnen und Experten ausgewählt. Das heißt, unsere Autorinnen und Autoren leben vor Ort oder haben »ihr« Reiseziel oft besucht.

Unser Ausgangspunkt ist es stets, einen bekannten Ort noch einmal neu zu entdecken – mit Unternehmungen, bei denen man sich fragt: Wieso haben wir das eigentlich noch nie gemacht?

Matthias Kröner, Herausgeber und Redaktion
Berit Kröner, grafisches Konzept und Herstellung

3

4

5

6

7

8

+++ TEL AVIV LIEGT DIREKT AM ÖSTLICHEN MITTELMEER AUF DER LANDBRÜCKE ISRAEL, DIE DIE KONTINENTE AFRIKA, ASIEN UND EUROPA VERBINDET +++ DIE STÄDTISCHE KÜSTE MIT BREITEN SANDSTRÄNDEN IST 14 KILOMETER LANG +++ DERZEIT LEBEN AUF 52 QUADRATKILOMETERN FLÄCHE ETWA 452.000 EINWOHNER, DAMIT IST TEL AVIV NACH JERUSALEM DIE ZWEITGRÖSSTE STADT ISRAELS +++ DAS ZENTRUM DES LANDES, GENANNT GUSCH DAN, AUS DEM VIELE ZUM ARBEITEN, EINKAUFEN UND AUSGEHEN NACH TEL AVIV KOMMEN, ZÄHLT KNAPP 4 MILLIONEN MENSCHEN +++ DAS HAFENSTÄDTCHEN JAFFA IM SÜDEN WURDE 1950 EINGEMEINDET +++ TEL AVIV IST BERÜHMT FÜR DIE VIELEN INNOVATIVEN UNTERNEHMEN, DIE ES ZUM MITTELPUNKT DER START-UP-NATION MACHEN +++ DURCHSCHNITTLICH SCHEINT HIER AN 328 TAGEN IM JAHR DIE SONNE +++

WENN MAN IN TEL AVIV ANKOMMT:
Fast alle Flieger landen am Ben-Gurion-Flughafen, der 15 km südlich liegt. Bei der Einreise erhält man automatisch ein Besuchervisum für 90 Tage.
Sehr gut ist die Verbindung mit dem Elektrozug, der unter dem Flughafen abfährt. In 20 Minuten kommt man rund um die Uhr an einen der vier Tel Aviver Bahnhöfe (9 NIS). Die liegen etwas außerhalb des Zentrums, meist braucht man noch einen Bus zur Location. Am Schabbat fahren keine Züge, dann muss man ein Taxi oder Sammeltaxi in die Stadt nehmen.

UNTERWEGSSEIN IN TEL AVIV

Die Woche beginnt in Israel am Sonntag nach dem Schabbat. Von Freitagnachmittag bis Samstagabend fahren die Öffentlichen seltener, dafür kosten Stadtbusse dann nichts. Sonst verkehren in Tel Aviv die rote U-Bahn-Linie, Busse und Sammeltaxis für kleines Geld. Allerdings nicht für Bares, man kann fast nur noch per App bezahlen. Am besten ist **Moovit** (Englisch), die alle Verbindungen anzeigt und mit der man direkt in Bus oder Bahn durch Scannen des QR-Codes das oder die Ticket(s) kauft. **Eine Fahrt** kostet **5,50 NIS** (Neuer israelischer Schekel) im gesamten Stadtgebiet. Ermäßigung, Tages-, Wochenkarten o. Ä. gibt es nicht. In den städtischen **Dan-Bussen** (blau-weiß mit rotem Flügel-Logo) kann man auch per Kreditkarte zahlen. Darüber hinaus ist fast alles im recht kleinen Stadtgebiet wunderbar per pedes zu erreichen. Es ist übrigens üblich, in Tel Aviver Lokalen 10 bis 15 Prozent Trinkgeld zu geben (gern per Kreditkarte). Zur Orientierung: 3,50 NIS entsprechen etwa 1 Euro.

OBWOHL TEL AVIV AUF DEUTSCH »Frühlings-

hügel« heißt, ist es relativ flach und wie geschaffen fürs Radeln. Verleihstationen der Stadt mit den grünen Drahteseln gibt es in allen Vierteln. Freischalten am Terminal oder per App TeloFun nur mit Kreditkarte. Kosten für ein Fahrrad: einmalig 3 NIS + 0,3 NIS/Minute (Schabbat 0,5 NIS). Für eine Stunde werden also 21 NIS berechnet, für zwei Stunden 39 NIS. Bei einem E-Bike erhöht sich die Gebühr auf 6 NIS + 0,6 NIS/Minute (Schabbat 0,8 NIS).

1
FLORENTIN
UND DER SÜDEN

+++ ERLEBEN +++

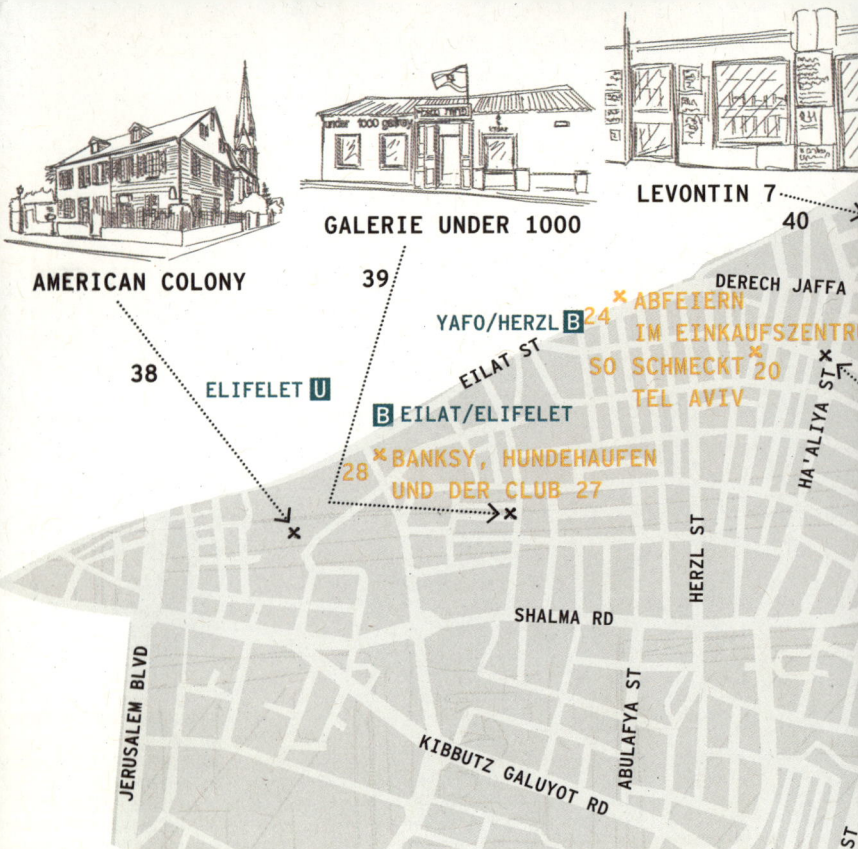

AMERICAN COLONY

GALERIE UNDER 1000

LEVONTIN 7

39

38

40

DERECH JAFFA

YAFO/HERZL **B** 24 **ABFEIERN IM EINKAUFSZENTRU**

SO SCHMECKT 20 **TEL AVIV**

EILAT ST

ELIFELET **U**

B EILAT/ELIFELET

HA'ALIYA ST

28 **BANKSY, HUNDEHAUFEN UND DER CLUB 27**

HERZL ST

SHALMA RD

JERUSALEM BLVD

ABULAFYA ST

KIBBUTZ GALUYOT RD

LAVON ST

EIGENTLICH HEISST das kleine Rechteck im Süden Florentin. Besser bekannt ist es als Streetart-Viertel, die Wände gehören unzensiert den Graffiti-Künstlern. Eingerahmt von den Straßen Eilat, Haaliya, Shalma und dem Jerusalem Boulevard herrscht hier noch das rohe Flair aus den Anfangsjahren Tel Avivs. Schweißer auf dem Bürgersteig lassen die Funken, Tischler die Holzspäne fliegen. Auf dem Levinsky Markt preisen Händler seit Jahrzehnten saure Gurken und Gewürze an. Doch an mancher Ecke legen schon die Bagger los, um wenig charmante Luxuswohntürme in die Höhe zu ziehen. Nördlich von Florentin liegt Gan Hachashmal, wo sich israelische Modedesigner und nette Cafés angesiedelt haben.

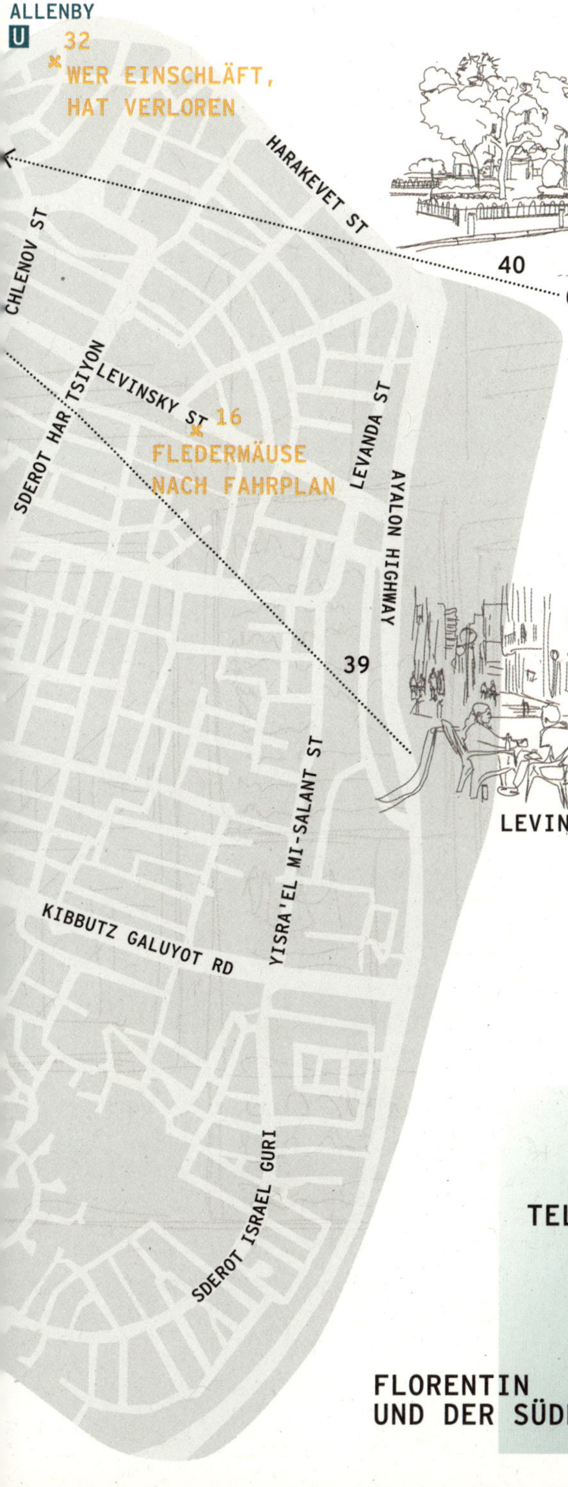
ALLENBY
U
32
WER EINSCHLÄFT,
HAT VERLOREN
HARAKEVET ST
CHLENOV ST
SDEROT HAR TSIYON
LEVINSKY ST
16
FLEDERMÄUSE
NACH FAHRPLAN
LEVANDA ST
AYALON HIGHWAY
YISRA'EL MI-SALANT ST
KIBBUTZ GALUYOT RD
SDEROT ISRAEL GURI
40
39

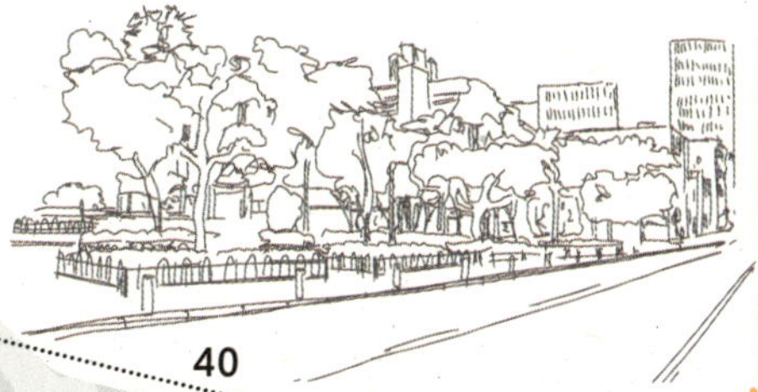

GAN HACHASHMAL

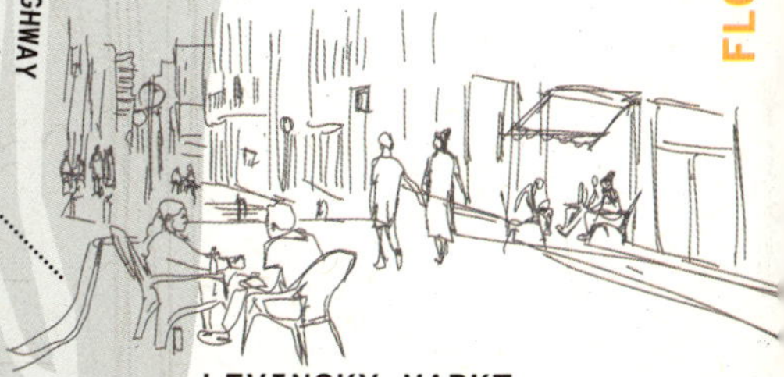

LEVINSKY MARKT

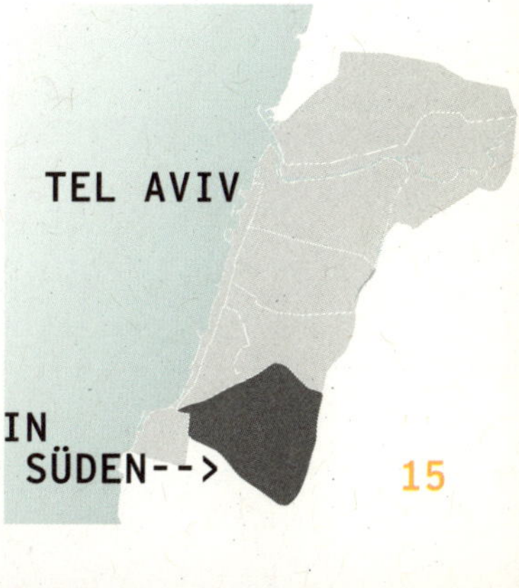
TEL AVIV
FLORENTIN
UND DER SÜDEN-->

FLEDERMÄUSE NACH FAHRPLAN

SCHNITZELJAGD DER KURIOSITÄTEN IM ZENTRALEN BUSBAHNHOF

<--FLORENTIN
UND DER SÜDEN

+ + + S T E C K B R I E F + + +
WO? LEVINSKY ST. 108 +++ BUS 16/231 TACHANAT
MERKASIT/LEVINSKY +++ WANN? ZU JEDER ZEIT +++
WIE VIEL? KOSTENLOS +++ WICHTIG! KEINE PANIK!
ES IST IMMER EIN AUSGANG ZU FINDEN +++

VIELE SETZEN NUR DANN EINEN FUSS in das Riesengebäude, wenn es absolut nicht zu vermeiden ist. Zum Beispiel, wenn das Auto kaputtgeht und man einen Bus nehmen muss. Kein Wunder, draußen ist es hässlich und drinnen noch viel hässlicher. Der zentrale Busbahnhof, mit 240.000 Quadratmetern der zweitgrößte der Welt, ist als Labyrinth verschrien, aus dem es kein Entkommen gibt. Aber keine Sorge, Ausgänge existieren, auch wenn sie wahrhaftig schwer aufzuspüren sind.

Die Eingänge dagegen sind schnell zu finden. Ich gehe in die Nummer 43, um im skurrilsten Gebäude der Stadt das Gruseln zu lernen. Hinter dem Metalldetektor beginnt ein anderes Universum. Der Bahnhof gilt als Schandfleck der Stadt, doch für viele ist das Verwirrspiel im Innern auch ein Ausweg, eine Art Refugium. Vor allem für Gastarbeiter aus den Philippinen und Geflüchtete aus afrikanischen Ländern, die sich in den Gängen ihre eigene kleine Stadt angelegt haben.

IM ERDGESCHOSS WECHSELN sich Geschäfte für grelle Billigklamotten mit Asia-Läden und Handy-Shops ab. Ich gehe bei meinem Rundgang von oben nach unten vor, fahre mit der Rolltreppe auf Ebene 3 und schaue runter. Die grandiose Halle, geplant für Tausende Wartende, ist abgesperrt und menschenleer. Ideal für ein Horrorfilmset. Als ich im verlassenen Terminal auf Etage 1 die düsteren Gänge, die einst zu den Bussen führten, entlangschleiche, kann ich nicht anders, als mich ständig umzuschauen. Auf Ebene 0 macht unheimliches Flattern die gespenstische Atmosphäre perfekt. Der Parkplatz der Busse steht unter Naturschutz: Fledermausterrain.

Entworfen hat das Betonungetüm der israelische Architekt Ram Karmi. Der kam einmal und dann nie wieder. Ich wäre auch weggeblieben, ginge so ein bauliches Malheur auf meine Kappe. Seit Jahren wird diskutiert, was aus der Station werden soll. Abreißen geht nicht, denn bei so viel Beton wäre die Stadt monatelang in eine Staubwolke gehüllt.

Bis ein Urteil über die Zukunft des Gebäudes gefällt ist, versuchen etliche, das Kuriose im Abgründigen zu suchen, und gehen auf Entdeckungstour. Vor der Coronapandemie gab es sogar geführte Gruselrundgänge in der Station. Dabei ist die gar nicht nur grausig.

SEIT EINIGER ZEIT liegt ein Gefühl von Wiederbelebung in der Luft: Stockwerk 5 hat sich zur Künstlerenklave gemausert. Ebene 7, wo die Überlandbusse abfahren, ist lichtdurchflutet, an den Wänden haben sich die coolsten Graffiti-Künstler verewigt, Pärchen küssen die Wartezeit weg. Auf Etage 7 befindet sich der Terminal für die Stadtbusse. Nicht verlesen! Es gibt tatsächlich zwei Stockwerke mit dieser Nummer ohne jegliche Verbindung. Warum? Das scheint niemand genau zu wissen. Läuft man alle Wege einmal, hat man sieben Kilometer hinter sich gebracht. Ich habe nach zwei Stunden genúg. Gut, dass auf einmal vor meinen Augen ein Schild »Exit« leuchtet. Doch der Mann vom Schmuckstand weist in die entgegengesetzte Richtung. Ein bisschen mulmig wird mir jetzt schon. Aber all die Leute werden ja kaum Komparsen des Gruselfilms in meinem Kopf sein. Nach ein paar Minuten erkenne ich die ersten Geschäfte vom Anfang wieder. Eine Minute später bin ich raus und stehe in der Tel Aviver Sonne. Die scheint in diesem Moment noch ein bisschen heller als sonst.

WENN MAN SCHON MAL HIER IST:

Etwa 15 Gehminuten entfernt liegt der gepflegte Park Hahorshot ⟶. Ideal für eine ausgedehnte Pause unter schattigen Bäumen, während Pfaue um einen herumlaufen und manchmal sogar ein Rad schlagen. Es gibt verschiedene Spielplätze für kleine und große Kinder (samt Zipline und Riesenrutsche). Zum Park gehören ein botanischer Garten mit Kräuterbeeten, ein Ententeich und eine russisch-orthodoxe Kirche. Eingang Derech Ben Zvi 79.

SO SCHMECKT TEL AVIV

ERFRISCHUNG MIT EINEM SPRUDEL, IN DEM ES GRÜNT UND BLÜHT

<--FLORENTIN
UND DER SÜDEN

+ + + S T E C K B R I E F + + +
WO? LEVINSKY ST. 41 +++ BUS 25/44 HAALIYA/MA-
TALON +++ WANN? SONNTAG BIS FREITAG ZWISCHEN
9 UND 17 UHR +++ WIE LANGE? SOLANGE MAN DURST
HAT +++ WIE VIEL? 23 NIS PRO GETRÄNK, KOSTEN-
LOSER REFILL MIT MINERALWASSER +++ WICHTIG!
AM FREITAGMORGEN IST ES MEIST BRECHEND VOLL,
ES HERRSCHT ABER DIE NETTESTE ATMOSPHÄRE +++

GÜNSTIG, FAMILIENFREUNDLICH

ICH HALTE MEIN OHR AN DEN BECHER. Nur wenn es ordentlich zischt, erfrischt es auch. Mit einem Getränk, in dem es grünt und blüht, stehe ich vor Café 41, eigentlich mehr Kiosk als Café. Hinter der Theke lächelt Benny Briga. Er ist der Mann, der dem Nationalgetränk von einst neues Leben einhaucht – dem Gazoz (gesprochen Gasos, Betonung auf dem o). In meins hat er Granatapfelkerne geworfen, eingelegten Hibiskus, pralle Feigen und Zwergpaprika. Darüber läuft dicker Sirup mit Rosenwasser. Garniert ist es mit Myrrhezweigen und lila Bohnenblüten.

Benny wirkt wie ein urbaner Zauberer, wenn er in seinem weißen Hemd und den grau melierten Locken, die ihm über die Schultern fallen, durch sein Café wirbelt. Das hat nur zwei Meter Fläche im Quadrat, doch Benny hat hier seine Berufung gefunden. Und ich die zauberhafteste Erfrischung der ganzen Stadt.

AUSSUCHEN GILT NICHT, eine Karte ist Fehlanzeige. »Ein Gazoz, bitte«, bestellt man einfach. Dann zwinkert Benny verschwörerisch und kredenzt freestyle, was ihm gerade in den Sinn kommt (immer alkoholfrei). Natürlich darf man sagen, wenn man etwas partout nicht mag, doch ansonsten heißt es: sich von der Kreativität überraschen lassen! »Fast alles darf rein, ganz nach Lust, Laune und Saison. Jedes Gazoz ist ein Unikat«, verspricht der Getränkemagier.

Mit dem Sprudel kühlten sich die Israelis bereits in den 1920er-Jahren ab und genossen ihn mit Vorliebe an schwülen Abenden. In den 50er- bis 70er-Jahren kippten sie knallbunte chemische Zusätze in ihr Siphon-Wasser. Dann verschwand das Gazoz aus den Gläsern. Seit einigen Jahren erlebt es als Trendgetränk eine Renaissance. Doch keiner verpackt es so hübsch wie Benny.

Von Chemie hält er übrigens gar nichts. Alle Zutaten kommen von den Gemeindegärten der Stadt oder seinem Dach. Dort könne man vor lauter Töpfen und Blumenkästen im Sommer kaum treten. Besonders das Einlegen und Fermentieren hat es ihm angetan. Das passt zu dieser Gegend, der Levinsky-Markt ist bekannt für sauer Eingemachtes, und hier gibt es das süße Pendant dazu.

IN DEN DECKENHOHEN REGALEN DES CAFÉS
stehen mehr als 150 Gläser, Flaschen und Schalen, um dem Gazoz die besondere Note zu verleihen. Weil er keine Genehmigung für Tische auf der Straße bekam, parkte Benny kurzerhand einen alten Susita, übrigens das einzige jemals in Israel gebaute Auto, vor seinem Miniladen. Der muss hin und wieder eine Runde durch Florentin drehen, wenn die Strafzettelschreiber seinem charmanten Lächeln mal nicht auf den Leim gehen. Doch meist steht der Wagen regungslos vor dem Café, vorn drauf Blumentöpfe und ein Kassettenrekorder aus den 80ern. Auf der Ladefläche schlürfen seine Kunden ihre Drinks, ich inklusive. Diese leckere Köstlichkeit ist wie gemacht für die heißen Sommer hierzulande, nur leider viel zu schnell ausgetrunken. Ich pieke im Becher herum, bis auch das allerletzte Fruchtstückchen aufgegabelt ist.

Sogar Ficus, der in Form von dicken Bäumen die Straßen vor den Bauhaus-Gebäuden säumt, wird ins Sprudelwasser gestopft. So schmeckt Tel Aviv!

WENN MAN SCHON MAL HIER IST:
Schlemmen, relaxen, repeat. Das könnte das Motto des Levinsky Marktes sein. Das sehr chillige Flair und die große Auswahl an Lokalen machen ihn zu einer der kulinarischen Topadressen der Stadt. Für Fischfans ist **Victor Dagim** □→ perfekt, das seit 1930 hier existiert (Levinsky St. 36, So–Do 16.30–0 Uhr, Sa 12–0 Uhr, Fr 10–18 Uhr). Warum nicht die knusprigen »Fisch-Zigarren« versuchen – eine außergewöhnliche Art, den Fang aus dem Meer zuzubereiten?

ABFEIERN IM EINKAUFSZENTRUM

EIN ABEND IM ALTERNATIVCLUB TEDER MIT PIZZA UND PARTY

<--FLORENTIN
UND DER SÜDEN

+ + + S T E C K B R I E F + + +
WO? TEDER, EINGANG DERECH YAFO 9 ODER PARK HAMESILA +++ U ELIFELET, BUS 40/425 YAFO/ HERZL +++ TEDER.FM +++ WICHTIG! WER IM RES- TAURANT ESSEN MÖCHTE, KOMMT AM BESTEN VOR 21 UHR, UM EINEN PLATZ ZU ERGATTERN +++ IM ROMANO UNBEDINGT RESERVIEREN: ONTOPO.CO.IL/ ROMANO +++

ES IST WIE DAS TOR ZU EINER ANDEREN WELT.

Übertrieben? Vielleicht ein bisschen. Aber das, was einen jenseits dieser Tür erwartet, ist in der Tat ungewöhnlich. Hinter dem unscheinbaren Eingang liegt das Teder. Das ist … Ja, was denn genau? An diesem frühen Donnerstagabend will ich es erleben. Die Frau, die auf einem Barhocker am Eingang sitzt, lächelt, ich trete ein und stehe in einem großen Innenhof. Kein Dach, aber rundherum ein Gang mit einigen etwas angestaubt wirkenden Geschäften, im Schaufenster Spielzeug, daneben Blusen. Über dem Erdgeschoss gibt es einen weiteren Rundgang mit Büros und undefinierten Lokalen, viele verlassen. Hängepflanzen begrünen das Ganze. Das soll Tel Avivs bester Club sein? Moment, auf der großen Freifläche in der Mitte ist eine Bühne aufgebaut, Musiker stimmen ihre Instrumente. Also doch Party?

ICH GEHE EINMAL durch diesen verrückten Bau bis zum anderen Ende durch. Um die Bühne herum sitzen Leute auf Bänken oder Hockern, unterhalten sich, trinken Bier und essen riesige Pizzas. Pizza? Ich habe ein fettes Loch im Magen, das nach Füllung verlangt. Also der Nase nach. Ich gelange an ein Fenster, aus dem es verführerisch duftet. Die Pizza des Starkochs Eyal Shani mit krachender Kruste und geschmolzenem Mozzarella obendrauf wird inoffiziell als beste im Land bezeichnet. Ganz meine Meinung, befinde ich nach dem ersten Bissen.

Die Idee zu diesem Ort entstand vor einigen Jahren, als eine Gruppe von Freunden das Teder herbrachte. Hebräisch für »Frequenz« ist es ein Kulturkonzept mit einem Mix aus Konzerten, Partys, Secondhandmärkten und Filmvorführungen. Untergebracht ist das jetzt in dem ersten Einkaufszentrum der Stadt von 1947, dem Beit Romano. Damals lag der vierstöckige Komplex im Zentrum der Textilindustrie, 300 Geschäfte und Büros waren besetzt. In den vergangenen Jahrzehnten aber schwand die Bedeutung der israelischen Bekleidungsherstellung zusehends, und viele Shops machten zu. Was im Sommer 2016 mit einer Pop-Up-Bar und einigen spontanen Aktionen begann, ist längst als hippste Location des Nachtlebens etabliert.

ICH BIN SATT UND DREHE MICH UM. Die Musiker haben sich in Position gebracht und drehen auf. Es ist ein Crossover aus elektronischer Musik und Klassik mit Kontrabass, Geige und Computer. Die Leute wippen mit. Ich auch. Am Wochenende wird die alte Shoppingmall mit wechselnden DJs oft zum wilden Rave bis zum Morgengrauen in skurrilem Ambiente – übrigens live übertragen, denn das Beit Romano ist auch Sitz des lokalen Radiosenders Teder.fm.

Einem Impuls folgend gehe ich in den ersten Stock. Von der Galerie aus hat man einen klasse Blick auf die Band und die Tanzenden. Und hier ist auch die Bar des Teders untergebracht, in der ich mir einen kühlen Gin Tonic bestelle. Nebenan entdecke ich das Romano, noch ein Restaurant von Gourmet-Guru Shani. Auch sein kulinarisches Konzept geht auf: In sexy Atmosphäre genießt man köstlichstes Essen aus simplen Zutaten, am besten mit den Fingern.

Doch was ist das Teder denn nun genau? Definitiv ein richtig guter Platz, um zu chillen und jede Menge Spaß zu haben – ob beim Abendessen oder Abtanzen.

WENN MAN SCHON MAL HIER IST:
Einer der bekanntesten Tel Aviver Straßenkünstler ist **Dede** □→. Er stellt weltweit aus, arbeitet jedoch immer noch anonym. Mit seinem »Bandaid« hat er ganz Florentin gepflastert. Das Heftpflaster ist meist schwarz-weiß, hat aber unterschiedliche Formen. Daraus wird ein cooles Suchspiel mit Kindern und Teenagern: Wer die meisten auf Wänden, Türen und Schildern gefunden hat, gewinnt. Vielleicht ein köstliches Eis bei Anita? Florentin Str. 3, tägl. 8–1.30 Uhr, Do 8–2.30 Uhr, Fr 8–3.30 Uhr.

BANKSY, HUNDEHAUFEN UND DER CLUB 27

EINE GRAFFITI-TOUR DURCH DAS HIPPSTE VIERTEL DER STADT

<--FLORENTIN
UND DER SÜDEN

+ + + S T E C K B R I E F + + +
WO? TREFFPUNKT VOR DER BÄCKEREI MALKA, ELI-
FELET ST. 26 +++ U ELIFELET, BUS 40 ELIFE-
LET/HARABI MEBACHARACH +++ **WANN?** SONNTAG UND
MITTWOCH UM 11 UHR, MONTAG UND DONNERSTAG
UM 9 UHR, SAMSTAG UM 11.30 UHR (DIE TAGE UND
ZEITEN KÖNNEN SICH JE NACH SAISON ÄNDERN)
+++ TOUR BUCHEN BEI: BETELAVIVTOURS.COM +++
WIE LANGE? 1,5 BIS 2 STUNDEN +++ **WIE VIEL?**
149 NIS +++ **WICHTIG!** IN DEN HEISSEN MONATEN
SOLLTE MAN EINEN HUT TRAGEN UND WASSER ZUM
TRINKEN MITNEHMEN +++

ICH MOCHTE DIESES GRAFFITI SCHON IMMER.

Dabei habe ich es mir nie so richtig angeschaut. Heute will ich erfahren, wer oder was sich hinter dem Wesen mit den Herzballons verbirgt. Unser Guide Shir, der vor dem Café auf die Teilnehmer der Streetart-Tour wartet, verrät sich durch seine Sneakers. Er lacht, als ich auf die Farbspritzer schaue. »Ja, ich mache selbst Graffiti.« Ich freue mich auf Insiderwissen – und darüber, dass mein Lieblingswerk der erste Stopp ist. Wir stehen auf dem Bürgersteig in Florentin, auch bekannt als Streetart-College, und schauen auf das große Bild an der Wand. Shir will wissen, ob es uns an jemanden erinnert. »Banksy«, ruft ein Mann aus London sofort. Stimmt. Gesprayt hat es aber Kislev, der seinem Herzen folgt und Banksy nacheifert, geht die Geschichte. Sweet! Dabei ist Kislev selbst eine interessante Figur der Tel Aviver Szene. Doch dazu später mehr.

NOCH VOR NICHT ALLZU VIELEN JAHREN

war Florentin das, was man ranzig nennt, voll von bröckelnden Werkstätten und heruntergekommenen Mietshäusern. Dann kamen die Künstler. Manche Wände sind so bunt, dass kein Zentimeter Beton mehr zu sehen ist. Es folgten Szenegastronomie und andere Kreative, die Gegend entwickelte sich zur hippsten der Stadt. Auch Straßenkunst ist etwas, das sich entwickelt. Ein Graffiti entsteht über dem nächsten, gelegentlich sprayen Streetartists sogar ihre eigenen Werke um. Shir erklärt an einem seiner Bilder, warum. »Die Umgebung ist immer im Umbruch. Hier zum Beispiel sind Pflanzen gewachsen, die nicht hinpassen. Ich werde sie in ein neues Werk integrieren.« Site-specific heißt dieser Stil.

An der nächsten Ecke gesellen sich zwei junge Typen zu uns. Viele Tattoos, in der einen Hand das Skateboard, in der anderen Spraydosen. »Meine Kumpels«, stellt Shir vor. Ihre Namen will er nicht verraten, denn Streetart ist illegal, es sei denn, sie wurde in Auftrag gegeben. Wie das nächste Werk. Darauf sieht man einen fetten Hund, der gerade sein Geschäft gemacht hat, und einen Knöllchenschreiber der Stadt. 730 Schekel für einen Haufen! Warum der Beamte auf dem Bild eine Kugel im Kopf habe, fragt eine Frau.

SHIR ERSCHRICKT. »Das war ich nicht«, sagt er. »Oh je! Da war wohl jemand angepisst und hat mein Bild übermalt.« Straßenkunst ist offensichtlich sehr dynamisch. Wie diese Tour. Der Künstler nimmt uns mit in seine Szene und erlebt dabei selbst, wie sich die Wände verändern.

Einige der lokalen Berühmtheiten haben mittlerweile internationalen Ruf erlangt: Dede Bandaid etwa, der weltweit Ausstellungen macht, oder Pilpeled, der es mit seiner Kunst in eine Kampagne von Coca-Cola schaffte. Bei Kislev mit dem Herzballon-Wesen war es andersrum. In seinen 20ern war er Schauspieler, dann bekam er keine Jobs mehr, Depression und Drogen folgten. Fast hätte er sich zum berüchtigten Club 27 gesellt. Doch er zog er die Notbremse, wurde 28 und schenkte sich zum Geburtstag ein Graffiti. Darauf zu sehen sind die Clubmitglieder Janis Joplin, Kurt Cobain, Amy Winehouse … und eine Person am rechten Rand, die kaum zu erkennen ist. »Das ist Kislev«, weiß Shir. »Aber er hat die Kurve gekriegt und ist nicht eingetreten. Stattdessen sprayte er sich gesund.« Zum Glück!

WENN MAN SCHON MAL HIER IST:

Zuerst dachte ich: Wieder nur einer dieser Bürotürme, die wie giftige Pilze aus dem Boden schießen! Doch jetzt mag ich »Reviat Florentin« am südlichen Ende der Abarbanel St. richtig gern. Entstanden sind hier vier Wohntürme mit einer holzgedeckten Plaza in der Mitte, auf der man eine entspannte Pause einlegen kann. Guten Kaffee und leckeres Gebäck gibt es in der schwedischen Bäckerei **Fika** □→. Und bei Wok Republik kann man sich zu fairen Preisen satt essen.

WER EINSCHLÄFT, HAT VERLOREN

GRUPPEN-CLUBBING DURCH TEL AVIVS BERÜHMTES NACHTLEBEN

<--FLORENTIN
UND DER SÜDEN

+ + + S T E C K B R I E F + + +
WO? ABRAHAM HOSTEL, LEVONTIN ST. 21 +++
U ALLENBY, BUS 142 MIKVE ISRAEL/LEVONTIN +++
WANN? MEHRMALS DIE WOCHE UM 21 UHR +++ ABRAHAM
TOURS.COM (VORHER AUF DER WEBSITE BUCHEN) +++
WIE LANGE? BIS 3 UHR NACHTS ODER SO LANGE MAN
LUST HAT ZU FEIERN +++ WIE VIEL? 90 NIS (EIN
GETRÄNK IN DER ABRAHAM-BAR, EIN SHOT IN JEDEM
CLUB UND ALLE EINTRITTSGELDER SIND IM PREIS
INBEGRIFFEN) +++ WICHTIG! HANDY MITNEHMEN,
DAMIT MAN SICH MIT DEN ANDEREN TEILNEHMERN
ABSTIMMEN KANN +++

WER IN TEL AVIV FEIERT, schaut nicht auf die Uhr. Das ist kein Werbespruch für die Stadt, die sich rühmt, »niemals zu schlafen«, sondern Realität. Zumindest für die, die sich drauf einlassen. Eine Sperrstunde gibt es nicht auf dem »Frühlingshügel«, wie Tel Aviv übersetzt heißt. Egal, welcher Wochentag ist oder wie spät die Stunde geschlagen hat, die Straßen sind niemals leer. Also schaue auch ich nicht auf die Uhr, als ich in der Lobby des Abraham Hostels warte, dass der »Pub Crawl«, wie es bei der Buchung der Tour hieß, beginnt. Ich nippe an meinem Drink, der im Preis inklusive ist, und mache Small Talk mit den anderen an der Bar. Zwei kommen aus Deutschland. Und deren Nachbarn? »Holland, Mexiko, USA.« Prima, denke ich. Bar-Hopping ganz international. Die Gruppe ist angenehm gemischt, von geschätzten Mittzwanzigern bis zum Mittfünfziger.

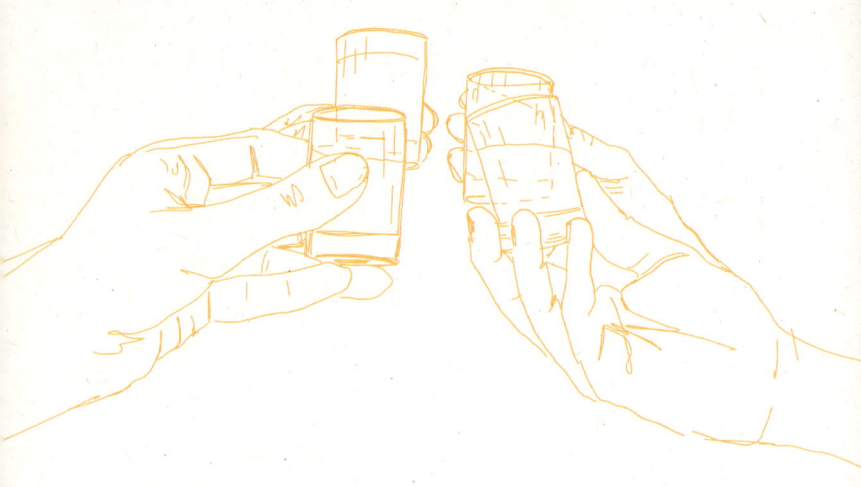

ALS ICH UNSEREN GUIDE ALON FRAGE, wann es denn losgeht, lacht er und meint: »Vor elf ist überall Totentanz.« Also noch ein bisschen Small Talk. Ein Bier später laufen wir los. Beim Spazieren durch Tel Avivs laue Abendluft gibt es nur ein Thema: das aufregende Nachtleben, von dem alle schon gehört haben. Vor dem *Drama* dann eine Riesenschlange. Auf Anstehen habe ich keine Lust, denke ich genervt. Aber nix mit Warten, Alon schleust uns an allen vorbei bis auf die Tanzfläche. Nachdem die Shots (auch die sind inklusive) die trockenen Kehlen hinuntergeflossen sind, ist die Stimmung noch eine Oktave gelöster.

Im *Drama* gibt's zwei Stockwerke. Im ersten freuen sich Mainstream-Fans über Chartkracher und aktuelle Isra-Hits, im zweiten Stock läuft Techno. Wir sind mittlerweile eine echte Feiergruppe geworden, lachen, tanzen und stoßen an. Obwohl ich kein Fan von überlauten Discos bin, finde ich die israelischen Clubvibes sehr angenehm.

Fast genau um Mitternacht vibriert mein Telefon, Whats-App-Nachricht. Alon wartet draußen. »Alle da? Dann los!« Auf geht's zur nächsten Station, dem *Jimmy Who*.

AUS DEN BOXEN DRÖHNT HIP-HOP, ich wippe neben José aus Mexiko an der Bar im Takt. Nicht mehr lange. »In Tel Aviv steht man nicht rum, man tanzt«, ruft uns der Barmann zu. Das lassen wir uns nicht zweimal sagen. Nach einer halben Stunde auf dem Dancefloor unter Diskokugeln unterbricht WhatsApp jäh unsere Ausgelassenheit, Alon meldet sich erneut. Nach und nach trudeln die Teilnehmer am Ausgang ein. »Einer fehlt.« Unser Beschützer im Nachtleben hastet zurück in den Club. Ein paar Minuten später sind wir vollzählig und auf dem Weg. Es ist 2 Uhr nachts, ich spüre meine Füße und gähne mehr, als ich lache. Nach 20 Minuten im *Radio EPGB* kann ich die Songs nicht mehr voneinander unterscheiden. »Ich muss ins Bett«, melde ich mich bei Alon ab und verabschiede mich von der Gruppe.

Allein hätte ich mich niemals in Tel Avivs Nachtleben geworfen. Wer spricht schon Unbekannte an oder mag ohne Begleitung rumstehen? Umso schöner fand ich es, mit fremden Menschen aus aller Welt, die zu Freunden für eine Nacht wurden, auf dem Frühlingshügel zu tanzen, als gäbe es kein(en) Morgen.

WENN MAN SCHON MAL HIER IST:

Wer nach der durchtanzten Nacht hungrig ist und noch nicht ins Bett will, kann direkt vom Clubbing zum Frühstücken gehen. Im **Benedict** ⯈ (benedict.co.il) gibt es dicke Pfannkuchen, israelisches Shakshuka, riesige Omeletts, deftigen Bacon and Eggs … Am besten gepaart mit einem kühlen Mimosa als Absacker. Hier wird rund um die Uhr fantastisches Frühstück serviert – und nur das. Rothschild Blvd. 29, geöffnet 24/7.

WENN MAN SCHON MAL IN FLORENTIN UND IM SÜDEN IST

+++ SEHEN +++

+++ ESSEN +++

+++ AUSGEHEN +++

+++ SHOPPEN +++

+++ SCHLAFEN +++

AMERICAN COLONY

Zwischen Florentin und Noga liegt ein eigentümliches Viertel. Urplötzlich findet man sich inmitten von Holzhäusern wieder, ganz und gar untypisch für Tel Aviv. Die Geschichte der American Colony geht auf das Jahr 1866 zurück, als rund 150 Protestanten aus Maine beschlossen, ihrem Glauben und ihrer Vision zu folgen und sich in Palästina niederzulassen. Sie brachten sogar das Holz mit, um ihre Häuser im neuenglischen Stil zu bauen. Später zogen dort deutsche Pilger ein und bauten die Immanuel-Kirche, die bis heute steht. Das Viertel Noga nebenan besteht aus ein paar kleinen Straßen, in denen sich coole Boutiquen, Yoga-Studios und Künstler angesiedelt haben. Die Cafés sind prima für eine Pause.

+++ BAR HOFFMAN ST. +++ U ELIFELET +++ IMMA-NUEL-KIRCHE DI–FR 10–14 UHR +++

← ☐

LEVINSKY MARKT

Die wundervollen Düfte nimmt man schon von Weitem wahr. Der Markt, der in den 30er-Jahren von Einwanderern aus Griechenland und Persien gegründet wurde, ist ein Erlebnis! Angeboten werden vor allem Gewürze, Nüsse und Tee, aber auch Delikatessen und Eingemachtes. Wundervoll ist der kleine Laden Yom Tov der gleichnamigen Familie, die aus der Türkei stammt (Levinsky St. 43). Ein Kleinod voller Köstlichkeiten! Ich empfehle die fermentierten Hibiskusblüten, die jedes Sandwich zum Leckerbissen machen. Abends wird der Markt zur sehr coolen Ausgehmeile.

+++ SHOPS ENTLANG DER LEVINSKY ST. +++ U ALLENBY +++ SO-FR 9-17 UHR +++ BESONDERS NETT FREITAGMORGEN (ABER VOLL) +++

GALERIE UNDER 1000

Wer davon träumt, ein Original an der Wand zu haben, könnte sich hier seinen Traum erfüllen. In dieser Galerie ist der Name Programm: Die Werke der Künstler, übrigens alle aus Israel, kosten durchweg weniger als 1000 Dollar. Viele, die sich auf den Straßen vor der Tür verewigt haben, stellen hier aus. Sollte es trotzdem das Budget sprengen: Postkarten sind für ein paar Schekel zu haben.

+++ ABARBANEL ST. 60 +++ U ELIFELET +++ SA-DO 10-20 UHR, FR 10-16 UHR +++ UNDER1000.CO.IL +++

GAN HACHASHMAL

Vor ein paar Jahren kürte die *New Yorker Thrillist* Gan Hachashmal zum zweit-sexiesten Viertel der Welt. Seitdem ist es noch aufregender geworden. Im kleinen Park in der Mitte trifft sich die Skater-Gemeinde, turteln Verliebte und spielen Kinder. Drumherum werden Gebäude des eklektischen und internationalen Stils aufgehübscht, drin haben sich junge israelische Klamotten- und Schmuckdesigner angesiedelt. Dazwischen gibt es trendy Cafés und Restaurants. Mein Favorit ist die vegane Pizzeria namens The Green Cat. Da schmeckt es, obwohl ohne »echten« Käse, ganz fantastisch. Benannt ist die Gegend übrigens nach dem ersten Stromwerk in der Stadt.

+++ ZWISCHEN LEVONTIN UND HACHASHMAL ST. +++ U ALLENBY +++

LEVONTIN 7

Der Club, der schlicht nach seiner Adresse benannt ist, gehört zu den besten für Livemusik im ganzen Land. Shows gibt es fast täglich. Einige der bekanntesten israelischen Künstler hatten hier ihr Debut. Vor dem Konzert hängt man in der Bar im Obergeschoss ab, später geht es in den Keller zum Abrocken. Die Atmosphäre im Levontin ist alternativ-entspannt.

+++ LEVONTIN ST. 7 +++ U ALLENBY +++ KARTEN 40–60 NIS +++ LEVONTIN7.COM +++

GEORGE AND JOHN

Chefkoch Tomer Tal kredenzt einen Mix aus mediterranen Speisen und der Küche seiner jüdisch-marokkanischen Mischpoke. Zum Beispiel Ceviche, umhüllt mit dem Weißem der Wassermelone. Zu einem der 10 besten Restaurants in Nahost gekürt!

+++ AUERBACH ST. 4-6 +++ U ELIFELET +++ UNBE-DINGT ONLINE RESERVIEREN +++ GANDJ.CO.IL +++

MEZCAL

Das mexikanische Lokal gibt es länger als zehn Jahre, und es wird immer beliebter. Nicht nur die Soßen sind scharf: Wer einen Platz an der Bar ergattert, kann zuschauen, wie die Barmen Margaritas mit Chili-Rand kredenzen. Köstliche Tacos Pescado für 52 NIS.

+++ CHAIM VITAL ST. 2 +++ U ELIFELET +++ TÄGL. 12-2 UHR +++ MEZCALTLV.CO.IL +++

SALUF AND SONS

Authentische jemenitische Speisen mit modernem Twist zu guten Preisen. Man sitzt an Gemeinschaftstischen. Die Küche ist bekannt für die herzhaften Teiggerichte Malau'ach und Jachnoun. Probieren! 20 bis 40 NIS.

+++ NAHALAT BINYAMIN ST. 80 +++ U ALLENBY +++ SO-DO 11-22 UHR, FR 11-16 UHR +++ SALUFAND SONS.CO.IL +++

KIOSKA

Entspanntes Café für digitale Nomaden. Man kann im großen Innenraum, auf der Terrasse oder einer Bank auf dem Bürgersteig sitzen. Die Karte ist auf kleine Speisen und Kuchen beschränkt.

+++ HARAV FRENKEL ST. 31 +++ U ELIFELET +++ MO-DO 7.30-23 UHR, FR 7.30-17 UHR, SO 7.30-16 UHR +++

KULI ALMA

Das Kuli Alma erinnert mich an alte Zeiten, als wir in einer Ex-Maschinenfabrik rockten. Diese(r) Club/Kiosk/Keller/Kunstgalerie hat dieselben Vibes. Wer hierherkommt, steht nicht rum, sondern tanzt. Auch mal zu 80er-, 90er-, Hip-Hop- oder Disney(!)-Songs …

+++ MIKVEH ISRAEL ST. 10 +++ U ALLENBY +++ TÄGL. 21-5 UHR +++ EINTRITT FREI +++ KULIALMA. COM +++

HOODNA BAR □↑

Hier sitzt man chillig inmitten der Graffitiwerke von Florentin auf dem Bürgersteig. Oft Livemusik.

+++ ABARBANEL ST. 13 +++ U ELIFELET +++ TÄGL. 19-4 UHR, FR AB 21 UHR +++ FACEBOOK.COM/HOODNABAR +++

+++++++++++ SHOPPEN +++++++++++

BUY KILO

Aufgeräumter, nicht überteuerter Secondhandshop. Ideal, um sich fürs Ausgehen im hippsten Viertel einzukleiden. Große Auswahl, darunter modische Schätzchen. Die Klamotten werden gewogen (10–40 NIS pro 100 Gramm).

+++ HERZL ST. 81 +++ U ALLENBY +++ SO-DO 10.30-19 UHR, FR 10.30-15 UHR +++

COCO

Ich bete Schokolade an, und das ist mein Tempel. Bei Coco ist alles vegan, auch der köstliche Eis-Kakao. Eigentümer Adiel berät supernett. Nicht billig, aber lecker: 6 NIS pro fette Praline.

+++ WASHINGTON SQ. 30 +++ U ELIFELET +++ SO-DO 10-19 UHR, FR 10-16 UHR +++

+++++++++++ SCHLAFEN +++++++++++++

FLORENTIN HOUSE

Perfekte Adresse mitten im lebendigen Florentin. Es gibt eine Gemeinschaftsküche, private Zimmer und Schlafsäle. Die Dachsuite in etwas düsterem Sado-Maso-Design mit 70-Quadratmeter-Terrasse ist ab ca. 850 NIS zu haben, das schlichte DZ ab 420 NIS.

+++ FLORENTIN ST. 6 +++ U ELIFELET +++ FLORENTINHOUSE.COM +++

ABRAHAM HOSTEL

Das Hostel ist so was wie eine Institution in der Stadt. Es vermietet nicht nur Zimmer, sondern veranstaltet auch kulturelle Events, Touren in Stadt und Land und wöchentliche Partys, bei denen Gäste und Einheimische gemeinsam feiern. Viele internationale Pärchen sollen sich hier kennengelernt haben, geht die Legende. Übernachten kann man einfach, aber sauber: 12-er Dorm ab 133 NIS, DZ ab 360 NIS.

+++ LEVONTIN ST. 11 +++ U ALLENBY +++ ABRAHAM. TRAVEL +++

AUF SAND GEBAUT WURDE NEVE ZEDEK 1887 als erstes Viertel außerhalb der antiken Mauern der Hafenstadt Jaffa. Noch heute sonnt es sich im Charme damaliger Zeiten und gilt als »Dorf« innerhalb der Metropole. Dank der Strandnähe und seiner charmanten Gässchen mit ausladenden Bougainvillea ist es eine der Topadressen zum Wohnen – für Einheimische wie Touristen. Glücklicherweise entschieden die Verantwortlichen der Stadt, dass die charakteristische Bauweise der Häuschen mit roten Ziegeldächern erhalten bleiben muss. Zentrale Achse ist die Shabazi-Straße mit dem Suzanne Dellal Center für Tanz, mit Restaurants, Kunstgalerien, Schmuckläden und jeder Menge teurer Schickimicki-Boutiquen.

SUZANNE DELLAL CENTER ···
62

TEL AVIV

NEVE ZEDEK-->

NAHUM GOLDMANN ST

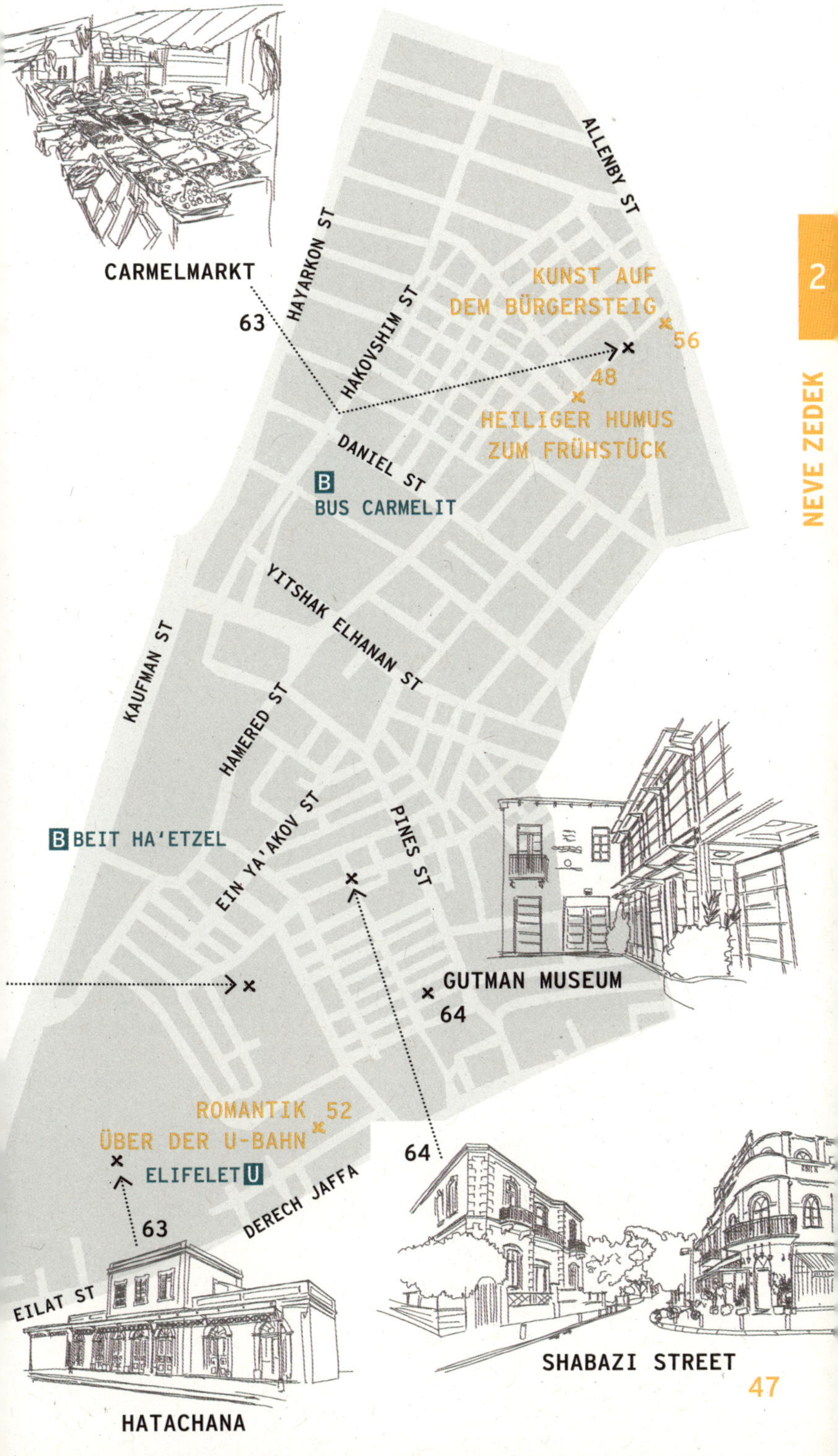

CARMELMARKT

ALLENBY ST

KUNST AUF
DEM BÜRGERSTEIG 56

63

HAYARKON ST

HAKOVSHIM ST

48

HEILIGER HUMUS
ZUM FRÜHSTÜCK

DANIEL ST

B BUS CARMELIT

YITSHAK ELHANAN ST

KAUFMAN ST

HAMERED ST

PINES ST

B BEIT HA'ETZEL

EIN YA'AKOV ST

GUTMAN MUSEUM

64

ROMANTIK 52
ÜBER DER U-BAHN
ELIFELET U

64

63

DERECH JAFFA

EILAT ST

SHABAZI STREET

47

HATACHANA

HEILIGER HUMUS
ZUM FRÜHSTÜCK

EIN KULINARISCHER BUMMEL
FÜR HUNGRIGE
ÜBER DEN CARMELMARKT

<--NEVE ZEDEK

+ + + S T E C K B R I E F + + +
WO? AUF DEM CARMELMARKT +++ BUS 4/16/48/161
CARMELIT +++ WANN? SONNTAG BIS DONNERSTAG JE-
WEILS 8 BIS CA. 17 UHR, FREITAG 8 BIS 15 UHR
(IM SOMMER EINE STUNDE LÄNGER GEÖFFNET) +++
WIE LANGE? 1 BIS 2 STUNDEN +++ WICHTIG! IN
MANCHEN LOKALEN UND AN MANCHEN STÄNDEN KANN
MAN NUR BAR BEZAHLEN +++

GÜNSTIG, FAMILIENFREUNDLICH

ALS ICH DAS ERSTE MAL IN ISRAEL WAR,
erzählte ich meinen Eltern am Telefon, dass ich Beton
gefrühstückt hätte. Sie dachten wahrscheinlich: Jetzt ist
sie durchgedreht! Für mich sah die Pampe aber genauso aus. Ob sie auch danach schmeckte? Ich erinnere
mich nicht. Mittlerweile kann ich Frühstück auf Israe-
lisch gut verdauen. Manchmal habe ich sogar richtigen
Heißhunger darauf. Mit einem solchen laufe ich eines
schönen Morgens mit meinem Liebsten über den Carmelmarkt und steuere zielsicher die alte Synagoge an.
Die war einst zum Beten für die Marktleute da. Heute
huldigt man dort etwas anderem, wie das Schild über
dem Eingang verheißungsvoll verkündet: dem »Holy
Humus«. Die Paste aus Kichererbsen ist hier immer
frisch gekocht und wird lauwarm auf den Teller ge-
knallt. Gabel oder Messer sind übrigens tabu! Humus
wird mit Pitabrot vom Teller gewischt.

STILECHT SOLLTE MAN DAZU UNBEDINGT
in frische Zwiebelstücke mit viel Salz beißen. Küssen
würde ich dann nicht empfehlen, es sei denn, der oder
die Liebste langt ebenfalls zu. Nachdem wir den Humus
weggewischt haben (der im Magen wirklich schwer an
Beton erinnert), ist dringend ein Verdauungsspaziergang
angesagt. Wir bummeln an Bergen von Obst und Gemüse, duftenden arabischen Süßigkeiten, Ständen mit
echt unechten Nike-Sneakers und jeder Menge Saft-
buden entlang. An einer holen wir uns einen frisch aus
Granatäpfeln gepressten Fruchtsaft, der im Plastikbecher
in schönstem Purpur leuchtet. Er macht die Zähne etwas stumpf, gilt aber als wahnsinnig gesund. Danach
brauche ich etwas Süßes. Die traditionellste Nahost-
Nascherei ist Halva aus Sesam, die in dicken Blöcken in
verschiedenen Geschmacksrichtungen angeboten wird:
Kaffee, Pistazie, Nougat … Ich lasse mir von jedem eine
fette Scheibe abschneiden.
Seit 1920 gibt es den größten Freiluftmarkt der Stadt
bereits, und noch immer ist er recht authentisch, ohne
Hipster-Läden und In-Lokale. Zwar haben mitten in der
Marktgasse ein paar Feinschmeckerbuden aufgemacht,
doch die passen sich gut in das ungebändigte Flair ein.

UNTER UND NEBEN SO MANCHEM STAND ist es etwas schmuddelig, doch das tut dem Charme des »Schuk Hacarmel«, wie er von den Tel Avivis genannt wird, keinerlei Abbruch. Eine Stunde später meldet sich unser Magen langsam wieder. »Jachnun« (gesprochen: Dschachnun mit hartem ch), raunt mein Schatz und zieht mich in Richtung eines quietschgelben Schildes. Wir einigen uns auf Teilen. Die jemenitische Teigrolle, die stundenlang gebacken wird, gilt in Israel als das Wochenendfrühstück. Dazu gibt's ein sehr hart gekochtes Ei und scharfes Tomatenpüree. So muss Wohlfühlessen schmecken! Obwohl ich mich an den ganzen Köstlichkeiten, die hier aufgetürmt sind, noch lange nicht sattgesehen habe, brauche ich eine Pause vom Schlemmen. Diesmal ziehe ich ihn – und zwar runter vom Markt. Den besten Kaffee und nettesten Service gibt es im Tamati, einem Darling von Café (tägl. 6.30–17 Uhr, Freitag bis 14 Uhr). Man sitzt entweder auf grünen Gemüsekisten am Bürgersteig oder steht drinnen lässig an der Theke. Wie wir. Der Kaffee kommt, und am liebsten hätte ich einen Schnaps dazu.

WENN MAN SCHON MAL HIER IST:

Wer noch nicht satt ist, sollte unbedingt das drusische Pitabrot probieren (25 NIS). Es wird im Markt □→, am südlichen Ende unweit des Gemüsestandes Carmela, auf einem originalen Taboon gewärmt. Man isst es mit dem nahöstlichen Joghurt Labane, etwas Salat und Satar, einer Gewürzmischung, die aus Ysop hergestellt wird. Die Drusen leben im Norden des Landes und sind eine Minderheit mit einer Geheimreligion. Sie stehen kompromisslos zu Israel.

ROMANTIK ÜBER DER U-BAHN

EIN PICKNICK IM PARK HAMESILA

<--NEVE ZEDEK

+ + + S T E C K B R I E F + + +
WO? PARK HAMESILA +++ EINGANG ÜBER AMSA-
LEG ST. ODER PINES ST. +++ U-BAHN ELIFELET,
BUS 40/425 ELIFELET/HARABI MEBACHARACH +++
WANN? ZU JEDER TAGES- UND NACHTZEIT +++ WICH-
TIG! PICKNICKDECKE EINPACKEN +++

DA, WO IN DER TIEFE die U-Bahn langdonnert, soll's romantisch sein? »Ganz bestimmt«, versichert mir eine Freundin. »Der neue Geheimtipp der Stadt!« Gut, dass die heißesten Tage vorbei sind, es abends aber noch warm genug ist, um gemütlich draußen zu sitzen. Auf dem Carmelmarkt (siehe S. 48) besorge ich Gemüse, Trauben und Käse. Eine fantastische Auswahl hat Dafka Gourmet. Dann lege ich meinen superpraktischen Schal um, den ich überall zur Decke umfunktioniere (siehe S. 169), und lade Oron, meinen Liebsten, zum Picknick ein. Unser Ziel ist der langgezogene Park Hamesila, der während der Pandemie von der Stadtverwaltung fast heimlich angelegt wurde und auf einmal da war. Wir laufen aus Neve Zedek über die Pines Street, die den Park in zwei Bereiche teilt. Linksrum geht es zum Spielplatz und zum Eingang des Clubs Teder (siehe S. 24).

WIR BIEGEN ABER RECHTS AB und laufen entlang der Bahngleise, die dem »Schienen-Park« – so heißt Park Hamesila übersetzt – seinen Namen verpassten. Heute sind sie Deko, doch im Osmanischen Reich dampften hier Züge zwischen Jaffa und Jerusalem. Unter der Erde kommt man mittlerweile schneller voran – mit der U-Bahn. Nach der hatten sich die Tel Avivis lange gesehnt, denn bis vor Kurzem gab es nur Busse und Sammeltaxis als öffentlichen Nahverkehr. Dabei ist 24/7 Rushhour in der Stadt, und der Mangel an Parkplätzen erhöht den Stressfaktor noch. Diese Bahn ist das größte Infrastrukturprojekt aller Zeiten in Israel, für das der Staat mindestens fünf Milliarden Euro berappte. Die rote Linie, die durchs Zentrum düst, kommt überirdisch aus Vororten im Nordosten und führt unter der Stadt lang bis ins südliche Bat Yam. Auf elf Kilometern verläuft sie als U-Bahn und ist der Städter ganzer Stolz. Wenn man ebenerdig sitzt, merkt man von dem unterirdischen Ungetüm allerdings nicht viel. Auf den saftigen Rasenflächen entlang der Schienen relaxen und plaudern Pärchen und kleine Gruppen von Leuten. Wir spazieren weiter bis in die Nähe des Graffiti-Kiosks am südlichen Ende des Parks (täglich 8 bis ca. 22 Uhr).

DA KAUFEN WIR EINE FLASCHE WEIN und hauen uns ebenfalls ins Gras. Neben dem Spazierweg gibt es einen Radweg, der allerdings eher an einen innerstädtischen Highway für Zweiräder erinnert. Wir schauen den waghalsigen E-Bikern nach und sind froh, dass die Radstrecke durch einen breiten, begrünten Betonstreifen vom Fußweg getrennt ist.

Ich habe die Decke alias meinen Schal auf den Rasen gelegt und unsere Leckereien darauf ausgebreitet. Im Park zu picknicken ist nicht unbedingt neu, aber irgendwie fühlt es sich hier besonders an. Man sitzt mitten in der Stadt und doch im Grünen. Es ist dieser Gegensatz, der den Park so erfolgreich macht. Schon Tage nach der Eröffnung hatten die Städter ihn ganz vereinnahmt.

Und obwohl unser Ausblick von der U-Bahn-Station Elifelet dominiert wird, ist es nach Sonnenuntergang tatsächlich richtig romantisch. Irgendjemand neben uns hat eine Box mitgebracht, aus der sentimentale Isra-Hits dudeln. Die Skyscraper der City leuchten im Hintergrund, und Oron und ich stoßen mit unseren Pappbechern an: »Le Chaim!« Auf das Leben.

WENN MAN SCHON MAL HIER IST:

Auf der nördlichen Seite des **Park Hamesila** (Nähe Herzl St.) gibt es einen Spielplatz mit hübschen Holzgeräten. Direkt davor befindet sich das Café Mirage, in dem die Eltern eine Kaffeepause machen können, während sie ihre Sprösslinge beim Spielen beobachten. Die werden an der riesigen Auswahl an Eis und Frozen Joghurt im Laden nebenan □→ kaum vorbeigehen. Freitag und Samstag ist es hier sehr voll, während der Woche aber entspannt.

KUNST
AUF DEM BÜRGERSTEIG

MITBRINGSEL-SHOPPEN
AUF DEM MARKT NAHALAT BINYAMIN

<--NEVE ZEDEK

+ + + S T E C K B R I E F + + +

WO? IN DER FUSSGÄNGERZONE NAHALAT BINYA-
MIN +++ DIE RICHTUNGSANGABEN BEZIEHEN SICH
AUF DAS CAFÉ PAAMAIM ALS AUSGANGSPUNKT, DAS
ETWA AUF HALBER HÖHE DES MARKTES LIEGT +++
BUS 18/19/23 ALLENBY/BALFOUR +++ WANN? DIENS-
TAG ZWISCHEN 10 UND 17 UHR, FREITAG ZWISCHEN
10 UND 16 UHR (IM WINTER WIRD EINE STUNDE
FRÜHER ABGEBAUT) +++ WICHTIG! AN DEN MEIS-
TEN STÄNDEN KANN MAN HEUTE MIT KREDITKARTE
ZAHLEN, ABER NICHT AN ALLEN +++ BEI STARKEM
REGEN FINDET DER MARKT NICHT STATT +++

ICH MAG MITBRINGSEL. Aber der Schlüsselanhänger oder die Tasse mit Jerusalem-Schriftzug muss es wirklich nicht sein. Ich versuche immer, etwas zu finden, das einen besonderen Bezug zum Land und der Person hat, die ich beschenken möchte. Mit diesem Vorhaben mache ich mich am Freitagmorgen auf in Richtung Fußgängerzone. Aber die israelische Variante Nahalat Binyamin ist keine Einkaufsstraße mit Filialen von Ladenketten, sondern zweimal in der Woche der größte Kunstgewerbemarkt des Landes. Und einer der besten Orte für originelle, handgefertigte Schätze.

Als ich angekommen bin, zieht mich gleich ein Duft magisch an. Beim Café Paamaim biege ich rechts ab zur Gruzenberg Street. Am Stand »Hila All Natural Soaps« bleibe ich stehen und schnuppere an einer Seife mit für Israel typischem Duft: Schlamm aus dem Toten Meer und Olivenöl. Gekauft!

EINER MEINER FAVORITEN, der immer wieder gut ankommt, ist eine Keramikschüssel in Form einer halbierten Wassermelone (weiter auf dem Weg zur Gruzenberg St., rechts), innen rot, außen grün. Die verschenke ich gern mit dem Tipp, darin den klassischen israelischen Sommersnack zuzubereiten: Melone mit krümeligem Feta.

Der Markt startete 1987 mit nur einer Handvoll Ständen, heute verkaufen mehr als 200 Künstlerinnen und Künstler Schmuck, Spielzeug, Keramik, Jonglierzubehör, Bilder und alles Mögliche sonst. Die Auswahlkriterien des Marktkomitees sind übrigens streng: Alles muss eine Originalkreation und handgefertigt sein. Außerdem hat der Künstler selbst am Stand zu stehen. Das finde ich ziemlich spannend.

Und so schenke ich besonders lieben Freunden zusammen mit einer Einladung zum Besuch bei mir in Tel Aviv ein Bild des Künstlers Amnon Lipkin. Der ist eigentlich Mathematiker, sitzt aber hier vor seiner antiquierten Singer und näht in der Fußgängerzone seine Werke. Mit Nadel und Faden skizziert er das urbane Leben stil- und liebevoll. Außerdem sind die kleinen Bilder recht erschwinglich (ab 120 NIS, Richtung Allenby St., rechts).

AM SCHLUSS ERSTEHE ICH EIN HAUS. Wenn auch nur ein ganz kleines. Auf einem Schild an dem Stand, der Holzhäuschen als Handtuchaufhänger oder Deko zum Aufstellen anbietet (Richtung Allenby St., links), steht: »Stell dir vor, du erzählst daheim, dass du ein Haus in Tel Aviv gekauft hast.« Witzig, denn die Künstlerin nimmt damit die exorbitanten Immobilienpreise auf die Schippe, durch die es sich vor allem junge Leute kaum mehr leisten können, in der Metropole am Mittelmeer zu leben. Als sie meins einpackt, gibt sie mir augenzwinkernd mit auf den Weg: »So eins kann man wenigstens noch bezahlen.«

Im Anschluss an meine erfolgreiche Shoppingtour gönne ich mir eines der dicksten Stücke Käsekuchen, das ich je gesehen habe. Im altmodischen Café La Coquette (Nahalat Binyamin St. 13, tägl. 7–18 Uhr, Freitag bis 17 Uhr), das mitten im Markt liegt, lasse ich mich nieder, freue mich über die schönen Geschenke, die ich in die alte Heimat mitnehmen werde, und sogar, dass ich dabei die Kunstszene meiner Lieblingsstadt ein bisschen mitgefördert habe.

WENN MAN SCHON MAL HIER IST:

Die Fußgängerzone **Nahalat Binyamin** ▢→ ist auch an Tagen ohne Markt eine Shoppinggegend. Allerdings hauptsächlich für eine Ware: Stoffe. Hier gibt es alles, von Jeans über Fake Fur bis zu Glitzer extrem. Selbst wer nicht das geringste Interesse am Nähen hat, sollte einmal durch die Straße bummeln, denn in vielen Fenstern kann man Wahnsinnsroben an Schaufensterpuppen bestaunen. Alle aus Meterware Stoff drapiert, ohne dass auch nur eine Naht genäht wäre.

WENN MAN
SCHON MAL IN
NEVE ZEDEK IST

+++ SEHEN +++

+++ ESSEN +++

+++ AUSGEHEN +++

+++ SHOPPEN +++

+++ SCHLAFEN +++

SUZANNE DELLAL CENTER □↑

Der Campus ist das nationale Zentrum für zeitgenössischen Tanz und Herz des Viertels. Es wurde 1989 eröffnet. Die vier Aufführungshallen sind in historischen Gebäuden auf einem großzügigen Gelände samt Café und Restaurant untergebracht. Hier ist auch das weltbekannte *Batsheva*-Ensemble zu Hause. Am Abend trifft man sich, um eine der Shows (mehr als 600 im Jahr) anzuschauen, und tagsüber auf einen Plausch mit den Nachbarn. Viele der Aufführungen sind hochwertige Produktionen aus aller Welt, von japanischem Tanztheater bis zum L.A. Dance Projekt von Benjamin Millepied (Ehemann von Natalie Portman). Regelmäßig Vorführungen für Kinder, Master-Classes für Tänzer und Workshops für jedermann.

+++ YEHIELI ST. 5 +++ U ELIFELET, BUS 10/48 CARMELIT +++ KARTEN SO-DO 9-21 UHR, FR 9-13 UHR +++ SUZANNEDELLAL.ORG.IL +++

CARMELMARKT

Sie brüllen, bis sie heiser sind oder die letzten Tomaten verkauft haben: die Schreier vom Shuk Hacarmel, wie er auf Hebräisch genannt wird. Der größte und älteste Markt der Stadt ist laut, bunt, nahöstlich – und das seit 100 Jahren. An einigen Stellen ziehen hier und da aufgeräumtere Läden und In-Buden ein, doch freitags schieben sich wie eh und je Menschenmassen durch die Gässchen, um den Kühlschrank für den Schabbat zu füllen. An den Ständen ist von Obst und Gemüse über Blumen, Haushaltswaren, Klamotten und Plastikspielzeug bis zu garantiert unechten Luxustaschen fast alles zu haben.

+++ HACARMEL ST. +++ U ALLENBY, BUS 4/18/28/61 CARMELIT +++ SO-DO 8-CA. 18 UHR, FR 8-16 UHR +++

HATACHANA

Zwischen 1892 und 1948 fuhren hier die Züge nach Jerusalem ab. Es hat sich lange ausgetutet, heute ist die alte Bahnanlage eine Mischung aus historischer Ausstellung, Ausgeh- und Shoppingpark. Als solche wurde sie 2010 eröffnet, nur einige Meter vom Strand entfernt. Das Areal ist richtig schön, leider funktioniert das Konzept trotz der guten Lage nicht so richtig. Am Eingang stehen alte Bahnwaggons, die besichtigt werden können.

+++ KAUFMAN STREET (SÜDL. ENDE SHABAZI ST.) +++ U ELIFELET +++ HATACHANA.CO.IL +++

SHABAZI STRASSE

Diese kopfsteingepflasterte Straße ist die Hauptachse des Viertels. Boutiquen mit Pariser Klamotten, die französische Einwanderer eröffnet haben, reihen sich an Schmuckgeschäfte und Kunstgalerien. Perfekt fürs Naseplattdrücken an den Schaufenstern. Dazwischen locken nette Cafés, in denen man entspannt etwas trinken und stundenlang Leute anschauen kann. Ab Freitagabend, wenn der Schabbat Einzug hält, wird die komplette Straße zur Fußgängerzone – bis Samstag nach Sonnenuntergang. Der Park am westlichen Ende mit Basketballcourt und Spielplatz ist optimal für eine Pause mit Kindern. Freitags und samstags steht dort ein netter Verkäufer und bietet köstliche warme Bourekas feil.

+++ **SHABAZI STREET** +++
U ELIFELET,
BUS 10/48/61
CARMELIT +++

GUTMAN MUSEUM

Das kleine Museum kann man in einer Stunde besichtigen. Es erzählt das Leben des Künstlers Nachum Gutman anhand seiner bunten Malereien – und damit die Geschichte Tel Avivs. In dem hübschen Haus von 1887, an das ein moderner Komplex angebaut wurde, sind auch Wechselausstellungen moderner israelischer Kunst zu sehen.

+++ **SHIMON ROKACH ST. 21** +++ **U ELIFELET,**
BUS 10/48 CARMELIT +++ **MO-DO 10-16 UHR,**
FR 10-14 UHR, SA 10-15 UHR +++ **24 NIS, UNTER**
18 FREI +++ **GUTMANMUSEUM.CO.IL** +++

NEVE ZEDEK HOUSE OF MEAT

Das alteingesessene Steakhouse gilt als bestes im Land und ist perfekt für einen edlen Abend unter Karnivoren. Allerdings kostet der: Für ein 350-Gramm-Entrecote-Steak muss man knapp 200 NIS berappen. Professioneller Service.

+++ SHABAZI ST. 64 +++ BUS 48/61 CARMELIT +++ MAKOMSHELBASAR.CO.IL +++

MESHEK BARZILAY

Veganes Restaurant mit Farm-to-Table-Ethos. Man sitzt im hübschen Café, Wintergarten oder romantisch zwischen den Häusern. Angeschlossen ist ein Deli. Viele Gerichte glutenfrei. Zu empfehlen ist der Veggieburger aus Pilzen.

+++ AHAD HAAM ST. 6 +++ BUS 48/61 CARMELIT +++ SO-DO 18-0 UHR, FR/SA 12-0 UHR, DELI TÄGL. 9-22 UHR +++

SUZANA

Eine Institution in Neve Zedek. Schon morgens trifft man sich auf der großen lauschigen Terrasse. Gut dazu passt das beliebte Frühstück Shakshuka aus Ei mit Tomate, das brodelnd heiß in der Steingutpfanne serviert wird.

+++ SHABAZI ST. 9 +++ U ELIFELET +++ TÄGL. 11-23 UHR +++ SUZANATLV.CO.IL +++

HOC

Treffpunkt von Tel Avivs Hipstern und Kaffeejunkies. In wenig spektakulärer Lage unter dem hohen weißen Wohnturm gibt es im House of Coffee den besten Kaffee der Stadt und kleine feine Speisen. Freitags spielt manchmal eine Band auf dem Bürgersteig.

+++ HATAVOR ST. 2 +++ BUS 48/61 CARMELIT +++ SO-DO 7.30-18 UHR, FR BIS 14 UHR +++

KEREM HATEIMANIM

Im jemenitischen Viertel hoppt man von Bar zu Bar. Haminzar ist zwar etwas rau, doch passt ins Viertel. Beer Bazaar bietet zwölf Sorten Bier vom Fass, hier versammelt sich ein nettes Völkchen. Entspannt für tagsüber ist das Café Yom Tov.

+++ ZWISCHEN HAKOVSHIM UND HACARMEL ST. +++ BUS 48/61/161 CARMELIT +++

EDUARD

Unscheinbar von außen, zum Immer-Wiederkommen von innen: entspannte Atmosphäre, nette Leute, gute Musik und leckeres Essen zu fairen Preisen. Wer einen Platz auf dem kleinen Balkon im Obergeschoss bekommt, hat den Sechser im Bar-Lotto gezogen.

+++ HACARMEL 22 +++ BUS 48/61/161 CARMELIT +++

+++++++++++ **SHOPPEN** +++++++++++

SIPUR PASHUT □↑

Mein absoluter Lieblingsbuchladen. Große Auswahl an englischen Büchern, darunter israelische und palästinensische Kochbücher, die ich gern Freunden und Familie in der alten Heimat mitbringe.

+++ SHABAZI ST. 36 +++ U ELIFELET +++ SO-DO 10-20 UHR, FR 9.30-16 UHR +++ SIPURPASHUT.COM +++

CHOMER TOV KERAMIKGALERIE

Zwölf Keramikkünstler und Schmuckdesigner aus Israel bieten in dieser Kooperative ihre Arbeiten an. Selbst wenn man nichts kaufen will, lohnt sich das Anschauen.
+++ SHABAZI ST. 30 +++ U ELIFELET +++ SO–DO 10–19 UHR, FR 10–16 UHR +++ CHOMERTOV.CO.IL +++

+++++++++++ SCHLAFEN +++++++++++

SELINA HOTEL AM NEVE ZEDEK TOWER

Auf der Verbindungsbrücke zwischen Neve Zedek und Florentin liegt das Konzepthotel aus mehreren Häuschen. Es gibt mediterran-kühl eingerichtete Privatzimmer, Lofts für mehrere Leute und picobello saubere Schlafsäle. Optimal für digital nomads, auch Coworking Space kann man mieten. Unter dem Motto: Get shit done! Die Location ist genial, alles zu Fuß erreichbar. Micro-DZ ab 527 NIS, Vierer-Schlafsaal ab 115 NIS.
+++ EILAT ST. 61 +++ U ELIFELET +++ SELINA.COM +++

ROGER'S HOUSE

Viel Komfort darf man nicht erwarten, dafür Leute aus aller Welt. Das Hostel mit simplen Schlafsälen liegt im Park Hamesila hinter dem Kiosk. Abends wird gern gefeiert. Ein Bett im Zehner-Schlafsaal (mit Schließfach) kostet ab 93 NIS pro Nacht.
+++ AHARON CHELOUCHE ST. 17 +++ U ELIFELET +++ ROGERHOSTEL.COM +++

3
JAFFA

JAFFA IST SO GANZ ANDERS – und gehört doch dazu. Während Tel Aviv gerade mal 100 plus ein paar Jahre existiert, hat die arabische Schwester 4.000 Jahre auf dem Buckel. Jaffas Hafen gilt als einer der ältesten der Welt. 1950 wurde Yafo, wie es auf Hebräisch und Arabisch heißt, in das Stadtgebiet von Tel Aviv eingemeindet. Trotzdem weiß jeder, der an dem alten osmanischen Uhrenturm vorbeikommt: Hier beginnt eine andere Welt. Bis heute hat der Ort mit den malerischen Gassen auf dem Hügel im Süden seinen magischen Charme bewahrt. Die Gentrifizierung ist allerdings vom Flohmarkt bis zum Hafen nicht mehr zu übersehen.

×80
STERNZEICHEN
IN DEN STRASSEN

×84
MIT DEN FISCHERN
ZUR SKYLINE

MITTELMEER

NAMAL YAFO ST

ANDROMEDA ST

RAMSES TOR ········· 91

TEL AVIV

HIGHTECH
UND HEUSCHRECKEN

JAFFA-->

72

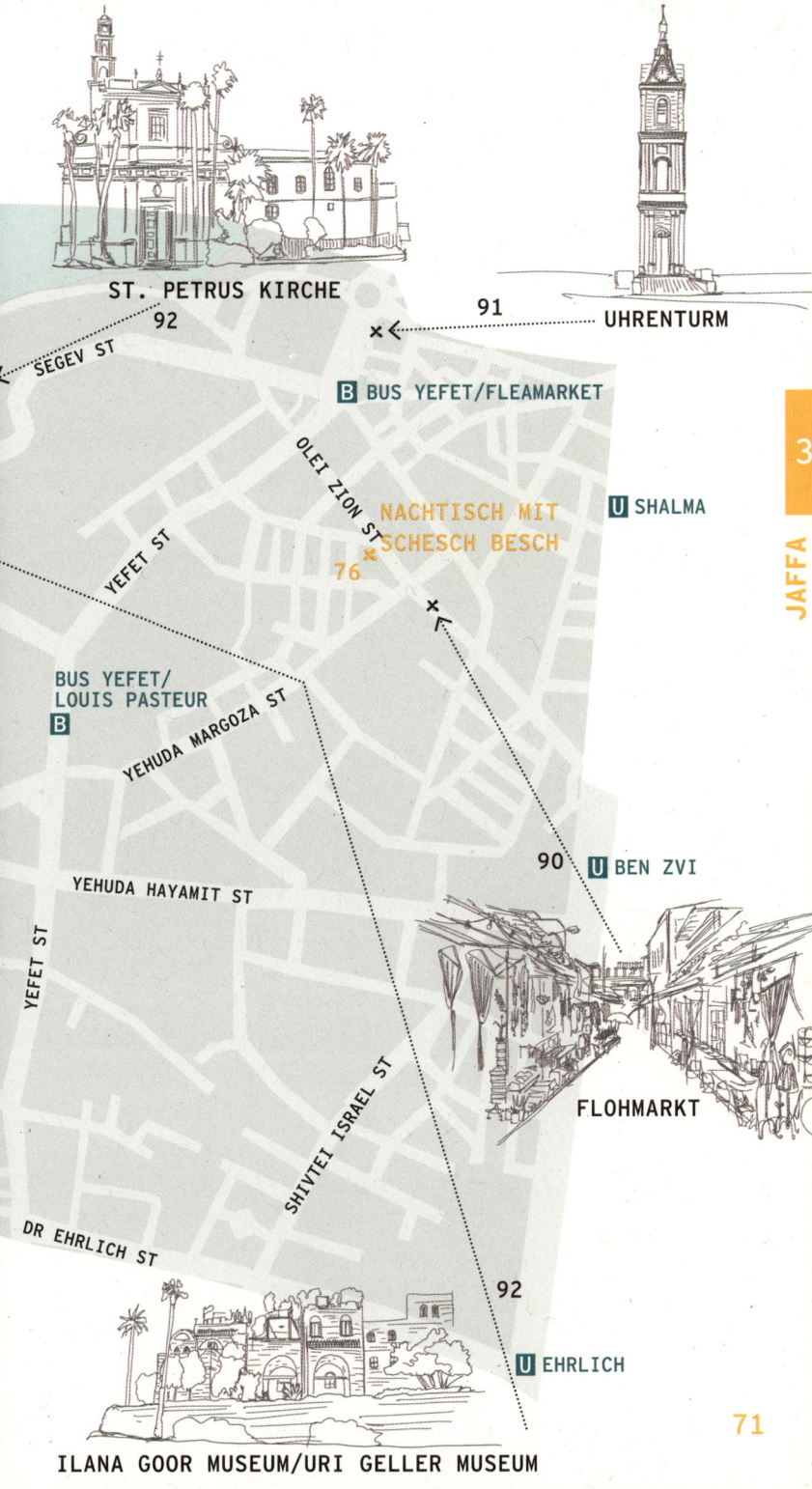

ST. PETRUS KIRCHE

92

SEGEV ST

91 ⋯⋯ UHRENTURM

B BUS YEFET/FLEAMARKET

OLEI ZION ST

3

JAFFA

NACHTISCH MIT
SCHESCH BESCH

U SHALMA

YEFET ST

76

BUS YEFET/
LOUIS PASTEUR
B

YEHUDA MARGOZA ST

YEHUDA HAYAMIT ST

90 U BEN ZVI

YEFET ST

SHIVTEI ISRAEL ST

FLOHMARKT

DR EHRLICH ST

92

U EHRLICH

ILANA GOOR MUSEUM/URI GELLER MUSEUM

HIGHTECH
UND HEUSCHRECKEN

ZU BESUCH IM PERES CENTER
FOR PEACE AND INNOVATION

<--JAFFA

+ + + S T E C K B R I E F + + +
WO? KEDEM ST. 132 +++ BUS 1/25/40 JERUSALEM
BLVD/MACHROSET ST. +++ PERES-CENTER.ORG +++
WIE LANGE? CA. 1,5 STUNDEN +++ WIE VIEL? 49
NIS, ERM. 37 NIS +++ WICHTIG! BESUCH AB 10
JAHRE UND NUR MIT FÜHRUNG MÖGLICH (AUCH AUF
ENGLISCH) +++ EINE ONLINE-VORANMELDUNG IST
OBLIGATORISCH, AM BESTEN 1 BIS 2 WOCHEN VOR-
HER BUCHEN +++

GÜNSTIG, FAMILIENFREUNDLICH

DREAM BIG – die fetten Buchstaben vor dem Eingang des Peres Centers for Peace and Innovation in Jaffa knüpfen an das an, was Schimon Peres (1923–2016) einst sagte: »Mein Fehler war, dass meine Träume nicht groß genug waren.« Vor den Türen rauscht das scheinbar unendliche Meer, dahinter sind der Vorstellung keine Grenzen gesetzt. Willkommen im Haus der israelischen Erfindungen! Hier sind alle bekannten Namen unter einem Dach: Waze, PillCam, Mobileye und die vielen anderen Innovationen aus der Start-up-Nation. In der »Halle der Fantasie« werden Erfindungen vorgestellt, die das Leben verbessern und im Idealfall sogar retten. Wie etwa die Tröpfchenbewässerung, die weltweit Ernten sichert und dabei Wasser spart. »Was ist Innovation?«, fragt Atar, der unsere Gruppe führt. Eine Antwort erwartet er nicht, sondern sagt: »Hier erfahrt ihr es.«

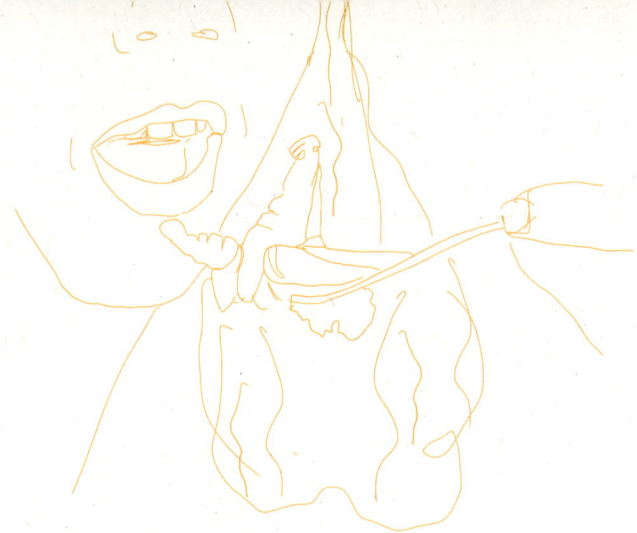

IM NÄCHSTEN RAUM stellen die Erfinder ihre Innovationen persönlich vor. Na ja fast, auf einem lebensgroßen Bildschirm. »Innovation, das sind vor allem die Menschen, die dahinterstehen: Männer, Frauen, Juden, Araber, Religiöse, Säkulare«, stellt Atar fest. Alle nicken verständig. Das Museum gliedert sich in die Bereiche Vergangenheit, Zukunft und Gegenwart (in dieser Abfolge), die jeder für sich unerwartet interessant sind. Ich hatte keine Ahnung, dass die Cherrytomate eigentlich in Südamerika gezüchtet wurde, aber anfangs wenig schmackhaft und noch weniger erfolgreich war. Erst israelische Wissenschaftler machten sie zu dem, was sie heute ist: ein weltweit beliebtes Produkt. »Bei Innovation geht es nicht nur um die Erfindung an sich«, so Atar, »sondern auch darum, wie sie verbessert wird.« Das war mir wirklich nicht bewusst.

In der »Kapsel«, einem halbrunden Raum, werfen wir per Virtual-Reality-Brille einen Blick in die Zukunft. Ich spiele einen Science-Fiction-Koch, der Steaks nicht in die Pfanne, sondern in den 3-D-Drucker haut. Dann bin ich digitaler Doktor im Miniformat, fliege durch die Aorta und zerstöre mit einem Blick aus den Augenwinkeln böse Fettzellen oder gefährliche Blutgerinnsel. Wahnsinnig cool!

DIE LETZTE HALLE ist der Innovation des Heute gewidmet. 6000 israelische Start-ups gibt es jährlich, die höchste Zahl pro Kopf weltweit. Die Neuheiten im Museum sind meist noch nicht auf dem Markt, »und werden es vielleicht nie sein«, erläutert Atar und erinnert daran, »dass 90 Prozent aller Start-ups scheitern.« Nach dem Rundgang werden wir mit einem Snack belohnt, allerdings sind getrocknete Grashüpfer nicht jedermanns Geschmack. Die Firma erfand das grüne Insekt zwar nicht neu, revolutionierte aber die Aufzucht. Ich zögere, nehme dann ein Tierchen, schaue nicht hin, sondern beiße nur. Knusprig ist es, und ein wenig eklig auch (sagt mir zumindest mein Kopf). Als ich mich kurz geschüttelt habe, bemerke ich den nussigen Geschmack auf der Zunge. Gar nicht schlecht.

Die Idee für das Zentrum hatte der damalige Präsident Peres übrigens selbst. Als US-Präsident Barack Obama Israel besuchte, wollte er ihm gern etwas zum Land der Innovatoren zeigen. Doch es existierte nicht der eine Ort, an dem all die verschiedenen Erfindungen vorgestellt werden. Jetzt gibt es ihn.

WENN MAN SCHON MAL HIER IST:
Nach dem Besuch im **Peres Center** muss man nur einen kleinen Hügel hinunterlaufen, und schon ist man am Meer. Das Strandstück **Givat Aliya** ⟶ gehört zu Jaffa und ist schmaler als das vor Tel Aviv, aber dafür auch weniger voll. Es gibt hier die üblichen Einrichtungen: Duschen, Toiletten, Sonnenschirme und -liegen, Schließfächer – und dazu einen sehr schönen Kinderspielplatz.

NACHTISCH
MIT SCHESCH BESCH

DAS ÄLTESTE BRETTSPIEL
UND DIE SÜSSESTE SPEISE
DES NAHEN OSTENS

<--JAFFA

+ + + S T E C K B R I E F + + +
WO? HAMALABIYA, OLEI ZION ST. 10 +++ U SALA-
ME, BUS 10/18 SHUK HAPISHPESHIM/YEFET ST. +++
WANN? TÄGLICH 10 BIS 1 UHR +++ WIE VIEL? EIN
MALABI KOSTET 12 NIS (AUCH VEGANE OPTION),
EIN GROSSES SPRUDELGETRÄNK GAZOZ GIBT'S FÜR
9 NIS, EINE FLASCHE BIER FÜR 17 NIS +++ DAS
AUSLEIHEN DER BRETTSPIELE IST KOSTENLOS +++

GÜNSTIG, FAMILIENFREUNDLICH

KAUM SIND DIE ALTEN TÖPFE, BÜCHER, Jacken und der übrige Trödel weggeräumt, werden die Brettspiele rausgeholt. Dort, wo in Jaffa tagsüber Flohmarkt ist, treffen sich zu später Stunde alle, die eine Pause vom Nachtleben brauchen, einen süßen Zahn haben oder einfach Leute treffen wollen. Im Kiosk Malabiya gibt es Malabi, eine Art Milchpudding und so etwas wie Israels nationaler Nachtisch. Originalgetreu wird er mit rotem Sirup und Rosenwasser verfeinert. Ich mag dazu einen Hauch Kokosflocken obendrauf. Es gibt auch andere Sorten von Sirup – und Erdnüsse zum Bestreuen. Malabi isst man nicht nur nach einem Mittag- oder Abendessen, sondern einfach zwischendurch. Dafür bin ich hier. Aber nicht nur. Ich hoffe, dass ich jemanden finde, der sich erbarmt, mir Schesch Besch beizubringen. In Deutschland ist es besser bekannt als Backgammon.

MALABI UND SCHESCH BESCH gehören in Tel Aviv zusammen. Warum, weiß niemand so genau. Ist aber auch egal. Wichtig ist, dass es schmeckt und Spaß macht. Und zwar schon lange. Schesch Besch ist eines der ältesten Spiele der Welt. Archäologen fanden im Iran und in der Türkei Teile von Spielbrettern, die Backgammon ähneln. Sie wurden auf ungefähr 3000 v. Chr. datiert.

Als ich löffle, kommen drei junge Typen. Auch sie holen sich Malabi, Bier und ein Spielbrett. Aber es können ja nur zwei spielen, denke ich und wittere meine Chance. »Shalom, ma koreh?« Was ungefähr so viel heißt wie: »Hallo, wie geht's?« Ein wenig verdattert schaut der Dritte im Bunde schon, als ich ihn bitte, mir das Spiel zu erklären. Aber dann lacht er. Eis gebrochen. Er holt ein Brett für uns und setzt sich mir gegenüber. Ich gebe eine Runde Gazoz aus, und wir legen los. Amit, Student an der Tel Aviv Uni, wie sich herausstellt, ist richtig gut im Erklären und zeigt mir, wie viele Steine auf welche Dreiecke (Points) kommen und wie man sie bewegen darf. Ziel ist es, seine eigenen 15 Steine auf die Gegenseite zu bringen und dabei die gegnerischen vom Brett zu werfen. Zwei Würfel geben die Schrittzahl an. Ich probiere es.

UND LIEGE LEIDER VÖLLIG FALSCH. »Züge sind nur erlaubt, wenn auf dem Point nicht mehr als ein Stein von mir liegt«, sagt mein Schesch-Besch-Lehrer. Ganz leicht zu verstehen sind die Regeln nicht, und meine Position sieht eher düster aus, aber der nette Amit tröstet mich. »Macht nichts. Das ist erst der Anfang. Es ist ähnlich wie beim Schachspielen. Übung macht den Meister.« Dass ich da so meine Zweifel habe, sage ich nicht, sondern nicke eifrig.

Es ist mittlerweile nach zehn am Abend, die Bierbänke um uns herum haben sich gefüllt, und mindestens zehn Paare spielen. Ich schaue ein bisschen neidisch, mit welcher Leichtigkeit sie die Steine herumschieben. Ob ich das jemals hinkriege? Egal, ich bin auf den Geschmack gekommen – allerdings mehr beim Dessert und Leutekennenlernen als beim Schesch Besch. Es ist nicht nur ein Taktik-, sondern auch ein Glücksspiel. Natürlich verliere ich haushoch. Und begleiche meine Spielschuld an Gewinner Amit sofort. Auf den Einsatz hatten wir uns vor dem Spiel geeinigt. »Mit oder ohne Sirup?«

WENN MAN SCHON MAL HIER IST:
Nach einem zehnminütigen Verdauungsspaziergang Richtung Westen ist man an der Mittelmeerpromenade von Jaffa ☐→ angekommen. Von hier aus hat man einen richtig schönen Blick auf die Lichter von Tel Aviv. Abends und nachts sehr romantisch. Wer es zu später Stunde etwas gruselig mag, läuft ein paar Minuten den Hang hinauf. Linker Hand ist ein verlassenes Gebäude, das unter Naturschutz steht. Fledermäuse haben sich eingenistet.

STERNZEICHEN IN DEN STRASSEN

ABENDSPAZIERGANG
DURCH DIE ALTEN GASSEN VON JAFFA

<--JAFFA

+ + + S T E C K B R I E F + + +
WO? EINGANG ZUR ALTSTADT IN JAFFA AM HAFEN
+++ BUS 10 YEFET/LOUIS PASTEUR ST. +++ **WANN?**
ZU JEDER TAGES- UND NACHTZEIT +++ **WIE LANGE?**
ETWA 2 STUNDEN +++ **WICHTIG!** EIN SPAZIERGANG
DURCH DIE GASSEN IST IMMER NETT, MIR GEFÄLLT
ES ABER ABENDS AM BESTEN +++

80 KOSTENLOS, FAMILIENFREUNDLICH

EINE STADT LERNT MAN am besten kennen, wenn man sich in ihr verläuft, finde ich. Ich mag die kleinen Überraschungen, ob versteckte Cafés oder lauschige Ecken. Jaffa ist wie geschaffen dafür, sich einfach einmal treiben zu lassen. Die Hafenstadt ist leicht zu Fuß zu erkunden und klein genug, um nicht verloren zu gehen. Und suchen kann man dabei auch etwas, fast wie bei einer Schnitzeljagd: sein Sternzeichen an den Häuserwänden. Denn hier gibt es keine Straßennamen, sondern stattdessen Wassermann, Skorpion und Co. Ich starte meine Entdeckungstour vom Hafen aus beim Begrüßungsschild »Welcome to Old Jaffa« und steige die Stufen hinauf. Kaum eine Minute ist vergangen, und ich habe meins gesichtet: Der dicke Krebs ist die Eingangsstraße zum alten Viertel. Damit meine Suche nicht sofort vorbei ist, beschließe ich, alle zwölf Sternzeichen aufzuspüren.

DAS IST GAR NICHT SO EINFACH, denn die Karte, die an einigen Wänden hängt, hilft wenig. Zwar sind die Namen in lateinischen Buchstaben geschrieben, doch in hebräischer Bezeichnung. Wer weiß schon, was Shor oder Mosneim ist? Also doch ohne Hilfe weiter. Ich schlendere durch die mysteriösen Gassen und entdecke an einem Haus im nächsten Sträßchen die Jungfrau als lustige Dame auf einem blauen Keramikschild. Nebenan ist ein entzückendes Café mit Ausstellung (Netiv Hamasalot 13), ich schaue mir die Kunstwerke an und setze mich mit einem Stück Mohnkuchen und einer Tasse Nana-Tee vor die Galerie. In den jahrhundertealten Steinhäusern der gesamten Altstadt aus osmanischer Zeit dürfen sich nur Kunstschaffende niederlassen, um den Charakter der Gemeinde zu erhalten. Dabei hat das Städtchen ganz sicher nicht nur Künstler erlebt. Viele Herrscher kamen, sahen und siegten. Oder eben nicht. Denn Jaffa ist eine der ältesten Hafenstädte am Mittelmeer. Und damit der krasse Gegensatz zum jungen, modernen Tel Aviv.

Die krummen Gebäude sind in ein warmes gelbes Licht getaucht, als ich durch die Schütze-Gasse den Hügel hinauflaufe. Oben angekommen erstreckt sich vor mir der große Kedumim-Platz.

WAS FÜR EIN WILLKOMMEN! Während die Glocken der St. Petrus Kirche läuten, wartet Napoleon auf mich. Der war tatsächlich 1799 hier, als er Jaffa eroberte – und hält noch heute als hölzerne Figur Wache. Ich spaziere über den Platz, unter dem Ausgrabungen von 3000 v. Chr. liegen, bis zum Brunnen. Stier, Skorpion, Waage … Hier sind sie versammelt. Aber nicht schummeln, die Suche geht weiter. Im zweiten Teil der Altstadt finde ich Fische, Löwe und anderes Getier. Nach einer Stunde habe ich alle zwölf erlaufen – und mich dabei restlos in die betörende Atmosphäre dieses Städtchens verguckt.

Da Jaffa auf einem Hügel liegt, sollte man noch einen besonderen Blick auf die Skyline von Tel Aviv werfen. Ich wandere zum Panoramapunkt im Hapisga-Garten und schaue rüber. Wow-Faktor 10. Zum Abschluss gehe ich über die Wishing-Bridge daneben. Hier sind noch einmal alle Tierkreiszeichen in den Handlauf eingelassen. Wenn man seins berührt, während man aufs Meer schaut, soll sich ein Wunsch erfüllen, geht die Legende. Ich wünsch mir was …

WENN MAN SCHON MAL HIER IST:
Wer noch Lust auf eine Extratour hat, sollte versuchen, das *Denkmal der Shamouti-Orange* □→ zu finden. Der ausgewachsene Orangenbaum steht nicht, sondern hängt unter freiem Himmel zwischen Gebäuden. Die Skulptur des israelischen Künstlers Ran Morin von 1993 erinnert an die Zitrusplantagen, die seit Anfang des 18. Jahrhunderts in und um Jaffa von arabischen Landwirten angelegt wurden. Morin ist bekannt für seine hängenden Bäume. Hazorfim St. 2.

MIT DEN FISCHERN ZUR SKYLINE

EINE FAHRT IM AUSFLUGSBOOT AB DEM HAFEN IN JAFFA

<--JAFFA

+ + + S T E C K B R I E F + + +
WO? FISCHERHAFEN JAFFA, PIER 7 +++ BUS 10 YE-
FET/LOUIS PASTEUR ST. +++ WANN? TÄGLICH ZWI-
SCHEN 11 UND 19.30 UHR +++ WIE LANGE? ETWA
1 STUNDE +++ WIE VIEL? 25 NIS +++ WICHTIG! DIE
SCHIFFE SCHAUKELN MÄCHTIG, MAN SOLLTE NICHT
ANFÄLLIG FÜR SEEKRANKHEIT SEIN +++

GÜNSTIG, FAMILIENFREUNDLICH

DIE SCHIFFSGLOCKE LÄUTET das Ablegen ein. Und dann tuckert der alte Kahn auch schon los. *Kejf* heißt er. Das bedeutet »Spaß« auf Arabisch und mittlerweile auch im Hebrew-Slang. Oben und unter Deck haben sich ein paar Dutzend Leute eingefunden, Familien und Pärchen, die genau den haben wollen. Sie lachen, einige prosten sich mit Bierflaschen zu. Ich bin an Bord, um mir die Silhouette von Tel Aviv mal aus anderer Perspektive anzuschauen. Der Kapitän, der morgens Fischer ist, dreht die Musik lauter. Etwas in die Jahre gekommene Popsongs scheppern blechern aus den Boxen, während die Silhouette des alten Fischereihafens von Jaffa immer kleiner wird. Jede Welle fahren wir mit Schwung hinauf und mit einem mächtigen Platsch wieder hinunter. Um mich herum werden einige Leute verdächtig still. Mir kann der Wellengang gar nicht rau genug sein.

WEITER DRAUSSEN DANN ist die See ganz ruhig. Mit dem Alten im Rücken steuern wir auf das Neue zu. Ich lehne mich an die Reling, lege meinen Kopf auf die Arme und schaue in Richtung Skyline. Die hat sich in den vergangenen paar Jahrzehnten sehr verändert und kann mittlerweile locker mit der berühmter Weltstädte mithalten. Ein Wolkenkratzer neben dem anderen, das höchste Haus in Nahost ist erst vor ein paar Jahren dazugekommen, am allerhöchsten wird gerade gebaut. Die knapp über 100 Jahre alte Metropole ist das israelische Aushängeschild für Modernität, Innovation, Weltoffenheit und lässt das auch raushängen. Wenn New York der Big Apple ist, ist Tel Aviv die saftige Orange. Dabei ist der moderne Part nur ein Teil der Geschichte und im Vergleich ein lächerlich kurzer. Offiziell heißt die Halbe-Million-Stadt nämlich Tel Aviv-Yafo. Das alte arabische Yafo ist in Deutschland besser als Jaffa bekannt, durch die berühmten Orangen, die früher auf keinem Weihnachtsteller fehlen durften. Die »Jaffa« ist übrigens eine Sorte, die arabische Bauern Mitte des 19. Jahrhunderts hier züchteten und in die ganze Welt exportierten.

DOCH DAS STÄDTCHEN hat weit mehr Jahre auf dem Buckel. Der Hafen ist einer der ältesten der Welt, der mindestens seit kanaanäischer Zeit (etwa 1300 v. Chr.) in Betrieb ist. Seitdem diente er Fischern, Kaufleuten, Pilgern, Einwanderern und Eroberern als Tor ins Land. Nach langen Jahren des Verfalls wurde und wird er immer noch renoviert, ist mittlerweile Ausgeh- und Kulturviertel. Doch zwischen den Lokalen und Bars hocken sie noch immer, die Fischer, die ihre Netze knüpfen und ihren Fang feilbieten.

Nachdem wir etwa eine halbe Stunde an der Küste entlanggeschippert sind, dreht die *Kejf* behäbig um und fährt zurück in Richtung Jaffa. Der Hügel mit Minarett und Leuchtturm taucht langsam am Horizont vor uns auf wie eine Verheißung aus Tausendundeiner Nacht. Leise höre ich über dem Rauschen der Wellen schwebend aus der Ferne den Ruf des Muezzins. Die tief stehende Sonne wirft ihren rötlichen Schimmer wie eine wärmende Decke über die alten Steine. Dies ist meine Lieblingsstunde des Tages. Und ich weiß gerade nicht, ob ich überhaupt wieder an Land möchte.

WENN MAN SCHON MAL HIER IST:

Wenn man wieder festen Boden unter den Füßen und der Magen sich beruhigt hat, kann man das verspeisen, was die arabischen Fischer am Morgen aus dem Meer gezogen haben. Vom Anleger gleich um die Ecke wird der frische Fang im »Fish and Chips« □→ in die Pfanne gehauen. Die Portionen sind riesig, die Preise fair (Mix aus dem Meer für 40 NIS, Rotbarbe/Barbounia 45 NIS, alles mit Pommes). Man sitzt auf mediterran-blauen Stühlen um Tische aus umfunktionierten Ölfässern.

WENN MAN SCHON MAL IN JAFFA IST

+++ SEHEN +++

+++ ESSEN +++

+++ AUSGEHEN +++

+++ SHOPPEN +++

+++ SCHLAFEN +++

FLOHMARKT ☐↑

Der Shuk Hapishpeshim, übersetzt schlicht Flohmarkt, ist tagsüber voll von Käufern und Verkäufern, die allerlei bunten Trödel anbieten, und abends mit Nachtschwärmern. Er besteht sowohl aus Ständen, die morgens auf- und abends wieder abgebaut werden, als auch aus kleinen Geschäften. In den engen Gassen haben sich jede Menge Lokale angesiedelt. Leider hat auch hier, wie fast überall in Jaffa, die Gentrifizierungskeule zugeschlagen. Doch noch gibt es einige authentische Händler, die in winzigen Läden Teppiche, nahöstlichen Klimbim oder Antiquitäten anbieten. Abends ist es eine der Topadressen zum Ausgehen. Das Puaa ist das älteste In-Lokal, in der Akbar gibt es oft Livemusik.

+++ RUND UM DIE OLEI ZION ST. +++ U SALAME, BUS 10 FLEAMARKET +++ SO-DO 10-18 UHR, FR 10-14 UHR +++

UHRENTURM

Bevor es Armbanduhren gab, mussten die Städter den Blick nach oben richten, um pünktlich zu sein. Heute schaut kaum noch jemand hoch, um herauszufinden, wie spät es ist. Doch ein beliebtes Fotomotiv ist der Uhrenturm von Jaffa allemal. Die türkischen Osmanen errichteten im Jahr 1901 zu Ehren des 25. Regierungsjubiläums von Sultan Abdul Hamid II. im ganzen Reich mehr als 100 Uhrentürme. Sechs davon wurden im damaligen Palästina erbaut. Einer der berühmtesten ist dieser. Er hat vier Zifferblätter, die die Zeit in Israel und Europa anzeigen – doppelt.

+++ YEFET ST. 14
+++ U SALAME,
BUS 41/44
CLOCK TOWER
+++

RAMSES TOR

Auf dem Hügel von Jaffa steht die Replika eines massiven ägyptischen Tores. Fragmente wurden in den 1960er-Jahren gefunden. Die Hieroglyphen preisen den, für den es errichtet wurde: Pharao Ramses II., der Ägypten im 13. Jh. v. Chr. regierte. Israel ist die Brücke zwischen Afrika, Asien und Europa; wer die Welt erobern wollte, musste hindurch – und hinterließ Spuren. Übrigens ist der Hügel unter dem Tor gefüllt mit alten Siedlungsschichten der vergangenen Jahrtausende.

+++ RAMSES GARDEN +++ BUS 10 YEFET/LOUIS PASTEUR ST. +++

ST. PETRUS KIRCHE

Die Franziskanerkirche mit ihrem hohen Glockenturm ist eins von Jaffas Wahrzeichen. Über einer mittelalterlichen Zitadelle erbaut, steht hier seit dem 17. Jahrhundert ein christliches Gotteshaus. Das heutige Gebäude stammt aus dem Jahr 1894, nachdem es mehrmals zerstört und neu errichtet wurde. Das Äußere ist schlicht, der Innenraum im Stil des Barock gestaltet. Anders als die meisten Kirchen ist diese nicht nach Osten ausgerichtet, sondern nach Westen, zum Meer hin.

+++ MIFRATZ SHLOMO PROMENADE 1 +++ BUS 10 YEFET/LOUIS PASTEUR ST. +++ TÄGL. 9–11.45 UND 15–17 UHR +++

ILANA GOOR UND
URI GELLER MUSEUM

Zwei Museen, die nah beieinanderliegen. Das Museum der autodidaktischen Bildhauerin, Schmuckdesignerin und Sammlerin Ilana Goor, das gleichzeitig ihr Haus ist, zeigt einen eigenwilligen Mix ihrer eigenen und der aus aller Welt zusammengetragenen Kunst.

Ihren Nachbarn Uri Geller kann man nur als Gruppe besuchen. Er stellt vor allem die Dinge aus, die er selbst gesammelt »oder von berühmten Leuten geschenkt bekommen« hat.

+++ ILANAGOORMUSEUM.ORG +++ MAZAL DAGIM ST. 4 +++ SO–DO 10–16 UHR, FR/SA 10–15 UHR +++ 45 NIS, ERM. 20 NIS +++ URIGELLERMUSEUM.COM +++ MAZAL ARIE ST. 7 +++ U SALAME, BUS 10 YEFET/LOUIS PASTEUR ST. +++

BEIT KANDINOF

Eins der angesagtesten Restaurants – zu Recht. Die Gerichte sprühen nur so vor Einfallsreichtum, kreiert sind sie mit der jeweiligen Saisonernte, etwa Mango-Calamari-Salat (58 NIS). Untergebracht in einem imposanten alten Gemäuer.

+++ HAZORFIM ST. 14 +++ U SALAME +++ SO-SA 17-23 UHR, FR BRUNCH 11-16 UHR +++ KANDINOF.CO.IL +++

THE OLD MAN AND THE SEA

Versuchen Sie gar nicht erst, sie zu zählen. 10, 15, 20 … Das Restaurant direkt an der Hafenmole ist berühmt für die schier unglaubliche Auswahl an Mezze, die die Kellner ohne zu fragen fast auf den Tisch werfen. Ein Besuch ist ein Muss!

+++ KEDEM ST. 85 +++ U SALAME +++ TÄGL. 11-0 UHR +++ HAZAKENVEHAYAM.CO.IL +++

ABU HASSAN

»Nicht kauen, nur schlucken«, ist das Motto des legendären Humus-Lokals. Eine Karte existiert nicht, alles, was es gibt, sind Variationen der beliebten Kichererbsenpaste (mit Pita). Trotzdem stehen die Leute Schlange.

+++ HADOLPHIN ST. 1 +++ U SALAME +++ SA-DO 8-15 UHR +++

BÄCKEREI ABOULAFIA

Eine Institution in Jaffa seit 1879. Die arabische Familie Aboulafia hat sich nicht nur der Backkunst verschrieben, sondern auch der Koexistenz. Oft trägt das Personal T-Shirts mit der Aufschrift »Araber und Juden sind Brüder«. Lecker: das herzhafte Gebäck Sambusak.

+++ YEFET ST. 7 +++ U SALAME +++ GEÖFFNET 24/7 +++

3

BEER BAZAAR

Mehr als hundert Sorten einheimisches Bier stehen auf der Karte. Dazu werden Snacks und deftige Gerichte serviert. Bier mit Ysop? Na dann, Prost!

+++ OLEI ZION ST. 7 +++ U SALAME +++ SO-DO 12 UHR BIS ZUM LETZTEN KUNDEN, FR 12-16 UHR, SA AB 21 UHR +++ BEERBAZAAR.CO.IL +++

JAFFA CINEMA

Unabhängiges Kino mit Bar und lauschigem Garten. Jeden Monat gibt es nach der Vorführung »Fragen und Antworten« mit Regisseuren. Man sitzt hier auch wunderbar, ohne einen Film (OmU) anzuschauen.

+++ MARZOUK VE EZER ST. 14 +++ U ELIFELET +++ SA-DO 18-0 UHR +++ JAFFACINEMA.COM +++

+++++++++++ SHOPPEN +++++++++++++

YEMENITE ART

Ben-Zion David ist ein Silberschmied in 8. Generation. Wie seine Vorfahren fertigt er heute den filigranen Schmuck, der im Yemen seine Tradition hat.

+++ MAZAL DAGIM ST. 3 +++ BUS 10 YEFET/LOUIS PASTEUR ST. +++ SO-DO 8.30-22.30 UHR, FR 8.30-15.30 UHR, SA 17.30-23 UHR +++ YEMENITE-ART.COM +++

HILWEH MARKET

Lokaler Konzeptladen für palästinensisches Kunsthandwerk in modernem Design: Tabletts, Seifen, Holzarbeiten, Tücher … Mein Favorit: der stylische Kissenbezug mit Kamel-Karawane.

+++ YEFET ST. 32 +++ U SALAME +++ SO–DO 10–19 UHR, FR 10–15 UHR +++ HILWEHMARKET.COM +++

++++++++++ SCHLAFEN +++++++++++

OLD JAFFA HOUSE

Mehr mittendrin geht nicht. Das historische Gebäude liegt direkt im Flohmarkt. Passend zur Umgebung ist es komplett im Vintage-Stil eingerichtet. Die Zimmer sind eher klein, aber dafür richtig romantisch. Fantastisch ist die Dachterrasse mit 300 Quadratmetern, von der aus man wunderbar den Sonnenuntergang bestaunen kann. DZ ab 467 NIS mit Frühstück.

+++ AMIAD ST. 13 +++ U SALAME, BUS 10/18 FLEA-MARKET/YEFET +++ TELAVIV-HOSTEL.COM +++

MARGOZA HOTEL □↑

Das Margoza versteht sich als Hommage an die legendäre Jaffa-Orange. Tatsächlich versprüht das Hotel neben dem Flohmarkt eine frische, freundliche Atmosphäre. Die Zimmer in dem restaurierten Gebäude sind hell und äußerst geräumig. Üppiges Frühstück und charmanter Innenhof. DZ ab 598 NIS.

+++ AVRAHAM EVEN SHOSHAN ST. 1 +++ U SALAME +++ MARGOSA-HOTEL.COM +++

4
STRAND

+++ ERLEBEN +++

EIN PAAR GEHMINUTEN VON DER INNENSTADT
entfernt begegnet man der prallen Lebenslust. We-
nige Metropolen der Welt haben einen Küstenstreifen, der so in den urbanen Alltag eingebunden ist,
wie Tel Aviv. Im und am blauen Mittelmeer lässt
man es sich einfach nur gut gehen. Auf 14 Kilometern gibt es hier zehn kostenlose, blitzsaubere
Strände, zwei Yachthäfen, jede Menge Spielplätze,
Sportanlagen und Strandlokale, wo man die Zehen
in den Sand bohren kann. Die Tayelet (hebräisch
für Promenade) trennt den Strand von der Stadt ab.
Sie wurde von 2016 bis 2018 komplett renoviert
und macht mit ihren Holzdecks, Lesezonen und
Schattendächern richtig was her.

TEL AVIV

STRAND-->

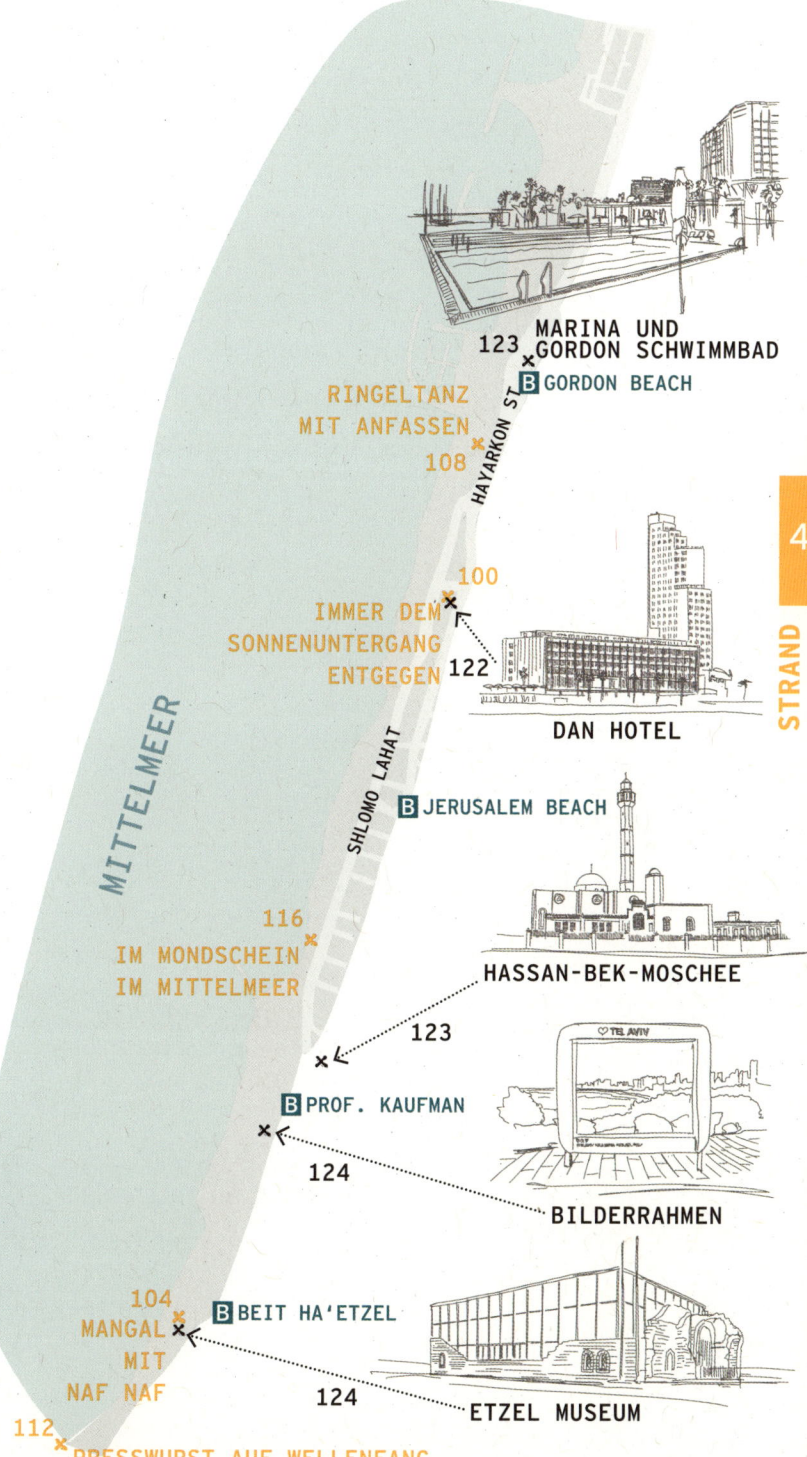

MARINA UND
GORDON SCHWIMMBAD
123
B GORDON BEACH

RINGELTANZ
MIT ANFASSEN
108

HAYARKON ST.

4

STRAND

100
IMMER DEM
SONNENUNTERGANG
ENTGEGEN 122

DAN HOTEL

SHLOMO LAHAT

B JERUSALEM BEACH

MITTELMEER

116
IM MONDSCHEIN
IM MITTELMEER

HASSAN-BEK-MOSCHEE

123

♡ TEL AVIV

B PROF. KAUFMAN

124

BILDERRAHMEN

104
MANGAL
MIT
NAF NAF

B BEIT HA'ETZEL

124

ETZEL MUSEUM

112
PRESSWURST AUF WELLENFANG

IMMER DEM SONNENUNTERGANG ENTGEGEN

EINE FAHRRADTOUR VON NORD NACH SÜD AUF DER STRANDPROMENADE

<--STRAND

+ + + S T E C K B R I E F + + +

WO? ENTLANG DER STRANDPROMENADE, ABFAHRT AN DER FAHRRAD-VERLEIHSTATION VOR DEM DAN HOTEL +++ BUS 4/10 GORDON BEACH +++ WANN? ZU JEDER TAGES- UND NACHTZEIT +++ WIE LANGE? 1,5 BIS 2 STUNDEN +++ MIETEN AM TERMINAL ODER ÜBER DIE APP TELOFUN (BEIDES AUCH AUF ENGLISCH) +++ WIE VIEL? SIEHE S. 11 UNTER »RUMKOMMEN« +++ WICHTIG! FÜR DAS MIETEN DER FAHRRÄDER BRAUCHT MAN EINE KREDITKARTE +++

WENN DIE NACHT IN TEL AVIV nicht allein zum Schlafen da ist, ist der Strand nicht allein zum Baden da. Am Küstenstreifen des Mittelmeeres spielt sich das bunte urbane Leben ab: Man ist sportlich, kehrt in die Lokale ein, geht spazieren und Gassi mit dem Hund – oder fährt auf zwei Rädern von Nord nach Süd und umgekehrt. So wie ich. An der Station in der Nähe des Dan-Hotels im Norden der Promenade miete ich mir heute Nachmittag ein Tel-O-Fun-Fahrrad.

Aufsteigen, das Salz des Meeres auf den Lippen spüren, den Wind in den Haaren: mein Traum von einem freien Tag. Die Sonne scheint, und um mich herum ist alles in Bewegung. Im Wasser versuchen Surfer, die beste Welle zu fangen, im Sand pritschen die Volleyballer, auf dem Radweg vor und hinter mir düsen alle möglichen Gefährte: Elektroroller, Skateboards … Und ich auf meinem grünen Rad mittendrin.

DER STRAND IST WESTLICHE STADTGRENZE

und dreigeteilt: Oben verläuft die Promenade, auf Hebräisch Tayelet, mit Tribünen zum Ausruhen, Schattenspendern und Aussichtsplattformen. Dahinter liegen das breite Sandstück und das Mittelmeer, in dem das ganze Jahr über gebadet werden kann. Mir ist es von Januar bis März zwar zu kalt, aber andere springen auch da mutig in die Fluten. Am Frishman Strand lege ich eine Pause ein und hole mir im Coco Beachlokal einen kalten Kaffee (»kaffee kar«). Vom Koffein gepusht radle ich weiter, vorbei an Strandschönheiten und Straßensängern bis zu Herrn Ben Gurion. Der steht Kopf – und ich tue es ihm gleich. Schon vor mehr als 70 Jahren machte der Gründervater Israels Yoga im Sand. Zur Erinnerung ist er hier als Statue verewigt.

Weiter geht es jetzt mit Sand in den Haaren und mit drei Gängen Richtung Süden. Vor einigen Jahren wurde die zweieinhalb Kilometer lange Promenade renoviert, um die Städter öfter an die Küste zu locken. »Statt aufs Land zu ziehen, gehen wir an den Strand«, war das Motto der Stadt während des Umbaus. Es hat funktioniert. Morgens, mittags, abends, nachts – wer hier spaziert, ist nicht allein. Dass Tel Aviv nie schläft, findet am Strand gelebte Bestätigung.

IN DEN STRANDLOKALEN SITZT MAN auf Plastikstühlen mitten im Sand. Zwar ähneln sich die Speisekarten, und die Preise sind recht hoch, aber es gibt für mich an Sommerabenden keinen schöneren Platz in der Stadt. Wenn das Meer rauscht und ich die Füße in den Sand buddle, geht's mir gut. Ich schwelge in Erinnerungen und trete weiter in die Pedale. Dabei bin ich nicht halb so sportlich wie die Fitnessfreaks, die neben mir in den Open-Air-Muckibuden schwitzen.

Noch einen halben Kilometer weiter Richtung Jaffa, und ich bin rechtzeitig am Ziel: bei meinem Lieblingskiosk ohne Namen hinter dem Restaurant Manta Ray. Zu verfehlen ist er nicht, denn die Beats des DJs rufen schon von Weitem. Ich bringe mein Rad zur Station an der Tachana am südlichen Ende der Shabazi St., dann bestelle ich Aubergine in Tahina und eine Frozen Margarita, lehne mich zurück und lasse den Blick zum Horizont gleiten. Der Himmel ist nicht mehr nur blau, sondern mit Orange und dramatischem Rot durchzogen. Und ich bin bald schon nicht mehr nur vom Sonnenuntergang berauscht.

WENN MAN SCHON MAL HIER IST:

Je mehr Abwechslung, desto besser. Das gilt vor allem, wenn man mit kleinen Kindern unterwegs ist. Der Strandstreifen von Tel Aviv bietet von der Marina im Norden bis zum Aviv Beach mehrere hübsche Spielplätze direkt im Sand. Einen Kletterpark im Stil von *Ninja Warrior* □→, den auch Teenager noch cool finden, gibt es im Charles-Chlore-Park. Das ist die riesige Grünanlage oberhalb des Meeres im südlichen Küstenbereich.

MANGAL
MIT NAF NAF

FREITAGABEND-BARBECUE
(FAST) AM STRAND

<--STRAND

+ + + S T E C K B R I E F + + +
WO? IRGENDWO AUF DEN WIESEN DES CHARLES-CLORE-
PARKS OBERHALB DES STRANDES +++ BUS 10/14/18
BEIT HAETZEL/GOLDMAN +++ WANN? FREITAGS AB
SONNENUNTERGANG +++ WIE VIEL? GRILL (MANGAL)
35 NIS, KOHLEN 15 NIS, FLEISCH UND WÜRSTCHEN
GIBT'S BEIM MINIMARKT, GOLDMAN ST. 9 (HINTER
DEM RESTAURANT CHAZER GOLDMAN) +++ WICHTIG!
DEN GRILL NIEMALS UNBEAUFSICHTIGT MIT FEUER
ODER GLUT STEHEN LASSEN! TIPP: VERSCHENKEN
SIE DEN MANGAL AN EINEN GRILLNACHBARN, WENN
SIE KEINE VERWENDUNG MEHR FÜR IHN HABEN (UND
DIE GLUT GELÖSCHT IST) +++

104 GÜNSTIG, FAMILIENFREUNDLICH

WER DENKT, DAS FREITAGABEND-BARBECUE

ist wie ein Grillabend mit Würstchen auf dem deutschen Balkon, der irrt. Mangal ist nichts für Zurückhaltende. Nur wenn der Mensch, der vor dem Grill steht oder hockt, ebenso durchgeräuchert ist wie das Grillgut, dann schmeckt es richtig, meint man in Nahost. Man braucht dafür einen Grill, den sogenannten Mangal. Das ist ein Metallquader, etwa 25 x 40 Zentimeter groß und 15 hoch. Außerdem eine Tüte Kohlen und ein Naf Naf, damit es auch gut glüht. Das kann eine Zeitung sein oder ein professioneller Wedler aus Plastik (an Kiosken für 5 NIS zu haben). Auf den Rost legen kann man, was man mag. Die Israelis stehen auf Schipudim, Fleischspieße mit Huhn oder Rind. Ich als Pescetarierin haue vegetarische Würstchen drauf. Wir haben uns ein Plätzchen auf dem Rasen zwischen Etzel Museum und dem Restaurant Manta Ray ausgesucht.

JE TIEFER DIE SONNE SINKT, desto mehr füllt sich der Platz mit arabischen Familien. Sie alle haben ihren Mangal im Gepäck. Im Sand ist das Grillen verboten, hier auf der Wiese oberhalb des Strandes aber ausdrücklich erlaubt. Und das wird jeden Freitagabend ordentlich ausgenutzt. Während unsere Männer den Rost erst mit einer halben Zwiebel abreiben und dann den Mangal anfeuern, gehe ich mit meiner Freundin einkaufen. Wir holen vier Frozen Margarita vom Kiosk neben dem Manta Ray – und von den arabischen Verkäufern auf der Promenade (südlich der Charles-Clore-Brücke), die jeden Freitagabend hier stehen, gebratene Maiskolben (15 NIS) und zwei Schalen Turmus zu je 10 NIS. Das arabische Bohnengericht wird in riesigen Töpfen direkt am Straßenrand gekocht. Der Mais duftet so herrlich, dass ich am liebsten sofort reinbeißen möchte. Meine Freundin klopft mir auf die Finger. »Nichts da! Warten, bis der Mangal fertig ist.« Wir balancieren die Drinks und Leckereien zurück an unseren Platz und sehen … eine Rauchwolke. Dahinter schemenhaft zwei Gestalten, die mit dem Naf Naf wedeln, was das Zeug hält. Auf dem Grillrost brutzeln Spieße und Würstchen, es riecht gar köstlich.

OH NEIN! KETCHUP VERGESSEN. Meine Veggie-Wurst schmeckt ohne aber nur halb so gut. Also gehe ich an den Nachbar-Mangal und frage, ob ich einen Klecks haben könnte. »Natürlich«, sagt der Mann, der sich als Chamudi vorstellt, und gibt mir gleich die ganze Flasche mit. Seine Großfamilie winkt uns freundlich zu.

Essenszeit! Wir vier setzen uns ins Gras und lassen es uns schmecken. »Perfekt gegrillt«, lobe ich die Jungs. Satt und zufrieden nippen wir an unseren Margaritas.

Von unserem Platz aus sehen wir die beleuchtete Silhouette des alten Hafens in der Ferne und fühlen uns als Teil des großen Happenings. Israelis, ob arabisch oder jüdisch, zelebrieren ihre Mangal-Abende. Im Sommer gehören sie auf Grünflächen oder in Parks des ganzen Landes einfach dazu.

Von links ziehen Grillgerüche herüber, von rechts ebenso, und um das Spektakel herum laufen Dutzende von Kindern, spielen Fangen und lachen sich kaputt über Mangal-Anfänger wie uns. Freitagabend in Jaffa – und wir sind mittendrin.

✕

WENN MAN SCHON MAL HIER IST:

Freitagabend ist nicht nur Grillen angesagt, die ganze Promenade südlich der **Charles-Clore-Brücke** wird zur Ausgehmeile, irgendwo spielt immer ein Straßenmusiker, oft sogar eine ganze Band □→. Am Stand mit den Maiskolben gibt es arabischen Tee und Kaffee, mit dem man im Nahen Osten jedes Mahl beendet. Wer mag, nimmt die Variante mit Hell (Kardamon). Von den großen Steinen oberhalb des Meeres hat man eine wundervolle Aussicht Richtung Süden auf Jaffa.

RINGELTANZ MIT ANFASSEN

EIN RHYTHMISCHER SAMSTAGABEND AM STRAND MIT SHLOMO MAMAN

<--STRAND

+ + + STECKBRIEF + + +
WO? STRANDPROMENADE (ETWAS SÜDLICH DES GORDON-SCHWIMMBADS) **+++** BUS 4/10 GORDON BEACH **+++**
WANN? JEDEN SAMSTAG VON NOVEMBER BIS MAI ZWISCHEN 11 UND 15 UHR SOWIE VON JUNI BIS OKTOBER ZWISCHEN 19 UND 23 UHR **+++ WIE LANGE?** 4 STUNDEN – ODER SO LANGE MAN TANZEN MAG **+++ WIE VIEL? KOSTENLOS +++ WICHTIG!** IN DEN HEISSEN MONATEN UNBEDINGT ETWAS ZU TRINKEN MITNEHMEN **+++** BEQUEME KLEIDUNG UND SPORTSCHUHE SIND AM BESTEN GEEIGNET **+++**

DER SCHICKE SHLOMO FORDERT MICH AUF.

Okay, nicht nur mich, sondern geschätzte hundert Leute. Aber ich fühle mich ein bisschen so, als wollte er nur mit mir tanzen. Er ist ein Profi. In seinem hautengen schwarzen T-Shirt, den weichen Tanzschuhen und dem Mikro am Mund dreht er sich wie ein Kreisel, reckt die Arme in die Luft und ruft: »Yalla, bou kulam!« Was so viel heißt wie: »Na los, kommt alle!« Noch stehe ich vor der Absperrung. Dahinter füllt sich langsam die Tanzfläche. Es ist ein gemischtes Publikum, junge und ältere Leute, semiprofessionelle Tänzer und solche, die aussehen, als hätten sie die sprichwörtlichen zwei linken Füße. Macht aber nichts. Denn das Motto der Veranstaltung ist »Spaß haben«. Am Samstagabend trifft man sich am Strand von Tel Aviv zum israelischen Volkstanz. Shlomo Maman tanzt vor, und alle tanzen mit.

NACH EIN PAAR MINUTEN lasse auch ich mich nicht länger bitten und reihe mich ein. Ganz hinten, damit ich gut abgucken kann. Das ist Sinn der Sache, wenn man die Schrittfolgen noch nicht kennt. Ich bin etwas befangen, denn rund um den Zaun stehen Leute, die ihren Abendspaziergang unterbrechen und zuschauen. *Od lo ahawti dai* erklingt. Den alten Schinken kenne ich und wippe im Takt. Shlomo ruft »achora«, es geht ein paar Schritte nach hinten. »Kadima«, wieder nach vorn, Arme nach oben, wieder zurück, und Drehung. Nach zwei, drei Versuchen habe ich es drauf. Hey, das macht richtig Spaß!

Zu den Rikudei Am, wie die israelischen Volkstänze genannt werden, gehören Linien-, Kreis- und Partnertänze. Die ersten wurden in den 1920er-Jahren entwickelt, sie sind ein einzigartiges Phänomen zeitgenössischer Folklore. Trotz der vielen Veränderungen in der Lebensweise tanzen die Israelis immer noch die alten Tänze der 1940er- und 1950er-Jahre. Rund 3.000 verschiedene soll es davon geben. Das kostenlose Tanzen wird übrigens seit mehr als 100 Jahren im ganzen Land praktiziert, und es existiert eine offizielle Volkstanz-Vereinigung mit Zigtausenden von Mitgliedern.

SHLOMO SAGT DIE SCHRITTE AN, allerdings nur auf Hebräisch. Aber das Hin und Her und Rundherum geht auch ganz gut, ohne dass man die Worte versteht. Vor allem, wenn man so eine fantastische Tänzerin vor sich hat wie ich. Sara ist eine quirlige Mittfünfzigerin im Minirock, die jeden Samstag dabei ist und sich freut, wenn man bei ihr abkupfert. Ich stolpere etwas hinter ihr her und komme hin und wieder aus dem Takt, aber es klappt mit jedem Lied besser. Nach vier oder fünf Songs bin ich richtig ins Schwitzen gekommen, außer Atem und brauche eine Pause.

Doch nach zehn Minuten wage ich mich noch mal aufs Parkett, das eigentlich ein abgesperrtes Stück der Promenade am Strand ist, und suche Sara. Gefunden. Sie lächelt. Ich auch. *Haviu schemesch*, tönt aus den Lautsprechern. Bringt die Sonne! Die ist schon längst untergegangen, aber wir drehen uns weiter. Linksrum, rechtsrum, immer wieder. Bis zum dicken Drehwurm. Mit dem und den alten Isra-Hits im Kopf gehe ich beschwingt nach Hause. Achora, kadima ...

WENN MAN SCHON MAL HIER IST:

Das gesamte Strandareal ist wie gemacht für alle möglichen Arten von Sport: Ob Fußball im Sand, Beachvolleyball, Bahnenziehen im Salzwasser-Schwimmbad, lange Radtouren, Workouts im Fitnessstudio unter freiem Himmel, Yoga zum Sonnenuntergang oder Joggen mit Meerblick – es gibt wirklich für fast jeden Geschmack etwas. Das Beste daran: Das meiste ist völlig kostenlos und sogar rund um die Uhr möglich. □→

PRESSWURST
AUF WELLENFANG

EINE SURFSTUNDE
VOR DER SKYLINE
VON TEL AVIV

STRAND-->

+ + + S T E C K B R I E F + + +

WO? SURFSTATION RUSSLAN ST. 14 (ES GIBT AUCH ANDERE SURFSCHULEN AM STRAND VON TEL AVIV) +++ BUS 10/41 KIKAR HASHAON/NACHUM GOLDMAN +++ WANN? MEIST IN DEN MORGENSTUNDEN +++ SURFSTATION.CO.IL (WEBSITE NUR AUF HEBRÄISCH) +++ BEI INTERESSE AUF ENGLISCH WHATSAPP AN AVI SITBON SCHICKEN: +972 54 422 3447 +++ WIE LANGE? 2 STUNDEN +++ WIE VIEL? 180 NIS, SURFBRETT UND IN DER KÄLTEREN JAHRESZEIT NEOPRENANZUG INKLUSIVE (STEMPELKARTE MIT 5 UNTERRICHTSEINHEITEN À 2 STUNDEN 750 NIS) +++ WICHTIG! MAN SOLLTE SCHWIMMEN KÖNNEN – UND VOR DER STUNDE NUR EIN LEICHTES FRÜHSTÜCK ZU SICH NEHMEN +++

IN DER UMKLEIDEKABINE wünsche ich mir ein wenig, ich hätte diese Stunde nicht gebucht. Ich habe mich in einen knallengen Neoprenanzug gepresst, und leider gibt es einen Spiegel. Presswurst, kommt mir in den Sinn. In diesem Moment klingt Lachen zu mir herein, und mein Name wird gerufen. Durchatmen, Bauch einziehen und raus. Mit einem breiten Lächeln trete ich vor den Vorhang. Und dann … sehen alle mehr oder weniger aus wie ich. Avi, der Eigentümer der Surfstation, fragt, ob ich schon einmal gesurft bin. Auf mein Kopfschütteln hin verpasst er mir ein Brett der Größe 8.6. »Damit stehst du«, meint er und klopft mir auf die Schulter.

Über die Straße geht es zum Meer. Im Sand gibt es ein Aufwärmtraining, ein wenig Stretching und Grundlegendes zur Sicherheit im Wasser. Wir sind zu viert in der Tel Aviver Surfstunde: zwei Amerikaner, eine Israelin und ich.

AVI ERKLÄRT, wie wir uns auf das Brett legen müssen, wir üben ein paar Sprünge auf dem Trockenen, und los geht es. Ich klette mir das Brett an der langen Leine an mein Bein, nehme es unter den Arm und laufe hinter Avi ins Wasser. Kein bisschen kalt in der Ganzkörperpelle. Wir gehen dorthin, wo die Wellen bereits gebrochen sind. Blutige Anfänger eben. Weiter draußen donnern die Wogen für die Könner. »Your turn«, ruft mein Lehrer gegen das Meeresrauschen an. Ich paddle mit den Händen in seine Richtung. Dann stellt er sich hinter mich und bläut mir ein: »Denk dran, dass du erst aufstehst, wenn du den Zug von den Wellen spürst.«

Auf den Wellen ritt man in Israel schon in späten 50er-Jahren. Damals war es nur eine kleine Gruppe von Jungs, die sich die Haare lang wachsen ließen und einen auf nahöstliche Beach Boys machten. Heute ist Surfen so etwas wie ein Nationalsport. An den Stränden von Haifa bis nach Aschkelon gibt es Dutzende Clubs. Und auch in Gaza wird gesurft. Morgens früh, wenn die Gischt spritzt und der Wind noch nicht zu stark ist, sind oft Hunderte von Surferinnen und Surfer im Wasser.

Noch ein paar Miniwellen platschen unter meinem Bauch vorüber, dann schreit Avi plötzlich »go« und gibt mir einen Stoß.

ICH DÜSE BÄUCHLINGS ÜBER DAS WASSER

und spüre auf einmal tatsächlich den sogenannten »Pull«. Ohne nachzudenken, springe ich mit dem rechten Fuß zwischen meine Hände, die das Brett umklammern. Dann lasse ich los und stehe tatsächlich! Zwar etwas wackelig, aber ich stehe. Leise höre ich Gejohle und Applaus, während ich in Richtung Skyline surfe. Das macht richtig high! Ich denke nicht, sondern genieße. Nach gefühlten zehn Sekunden schwanke ich und lande mit einem Platsch im Meer. Macht nichts. Ich habe gestanden, ich bin gesurft, ich bin cool. Das sagt mir zumindest Avi, als ich mein Surfbrett wieder zurück in die Fluten ziehe und mich zum nächsten Anschubser einreihe.

Zwar stehe ich nicht in jedem Durchgang, aber doch vier- oder fünfmal. Ich finde, das ist ein ziemlich guter Schnitt fürs erste Mal auf einem Surfbrett, und bin mächtig stolz auf mich. Kann es sein, dass Wellenreiten süchtig macht? Noch aus der Umkleidekabine frage ich nach der Vorhersage für die nächsten Tage. Als ich rauskomme, zwinkert Avi mir zu. High five!

WENN MAN SCHON MAL HIER IST:

Nach zwei Stunden im Wasser hat man einen Riesenhunger. Richtig satt macht ein Shakshuka □→, das klassische Pfannenfrühstück aus Eiern und Tomaten. Sehr lecker ist es im netten orientalischen **Café Basma** in Jaffa (Louis Pasteur St. 5) oberhalb der Altstadt. Wer danach noch Platz im Bauch hat, sollte unbedingt die süße arabische Nachspeise Knafeh aus Käse und gebräunten, nudelartigen Fäden probieren.

IM MONDSCHEIN
IM MITTELMEER

NACHTBADEN ISRA-STYLE
MIT KÄSIGER WASSERMELONE
UND COCKTAILS

<--STRAND

+ + + S T E C K B R I E F + + +
WO? AM AVIV STRAND +++ BUS 10/19 BANANA BEACH
+++ WANN? ZUM SONNENUNTERGANG ODER DANACH (VON
MAI BIS NOVEMBER) +++ WIE LANGE? BIS MAN FRIERT
ODER MÜDE IST +++ WICHTIG! EIN KUSCHELIGES
HANDTUCH ODER EINE DECKE EINPACKEN – UND WERT-
SACHEN ZU HAUSE LASSEN, DIEBSTAHLGEFAHR! +++

ALS ORON VORSCHLÄGT, im Mondschein ins Mittelmeer zu springen, lache ich ziemlich unentspannt. Ich liebe den Strand und das Meer, aber wenn es dunkel wird, gehe ich nach Hause, nicht in die Fluten. »Lass dich überraschen«, sagt er. »Na gut«, antworte ich, denn Überraschungen mag ich eigentlich. So laufen wir am nächsten Abend kurz vor Sonnenuntergang los. Ich habe einen Rucksack gepackt, um auch ihn ein wenig zu überraschen. Dann sitzen wir aneinandergekuschelt im Sand, den gelb-roten Ball vor uns, der den Horizont fast schon kitschig schönfärbt. Mein Schatz erzählt mir vom »Green Flash«, dem grünen Streif, den die Sonne manchmal beim Untergehen hinterlässt. Man müsse genau hinsehen, denn er erscheint, wenn überhaupt, nur ein, zwei Sekunden. Ich habe ihn noch nie gesehen. Doch allein der Gedanke, zusammen danach Ausschau zu halten, ist ganz schrecklich romantisch.

ALS DIE SONNE VERSCHWUNDEN IST (ohne Grün), packe ich aus: Wassermelone und Feta, eine Flasche Tubi 60, Cranberrysaft, Tonic, zwei Gläser, ein Messer und zwei Gabeln. Auf dem Weg zum Strand habe ich noch schnell am Straßenrand ein paar Zweige Rosmarin gepflückt. Ich kredenze uns Cocktails aus den mitgebrachten Zutaten (siehe rechts unten) und garniere mit einem Zweig Rosmarin. Das herrlich bitter-saure Getränk prickelt auf meinen Lippen. Dazu essen wir uns am ultimativen israelischen Nachtisch für heiße Sommerabende satt: käsige Wassermelone. Die süße Frucht wird hierzulande zusammen mit Schafskäsestückchen verspeist – und das harmoniert erstaunlich gut.

Dann rücken wir vom trockenen Sand ins Nasse, sitzen im Wasser, um uns herum die Gischt. Es ist fast so warm wie in der Badewanne, die reinste Wonne! Mein Liebster nimmt mich bei den Händen, zieht mich hoch, und wir gehen etwas tiefer hinein.

Schwimmen im Meer ohne Bademeister ist in Israel verboten. Natürlich tun es viele trotzdem. Allerdings sollte man die Gefahr nie unterschätzen, die Strömung kann so stark sein, dass selbst Erwachsene nicht dagegen ankommen. Wenn das Bademeisterhäuschen geschlossen ist, ist es auf keinen Fall ratsam, weit rauszugehen oder zu -schwimmen.

DER BUCHTARTIGE STRAND, den wir uns ausgesucht haben, hat durch die Wellenbrecher zwar kaum Strömung, mir wäre es aber viel zu gruselig, in dunklen Gewässern zu schwimmen. Wir planschen ein bisschen und setzen uns wieder an den Meeresrand. Der Mond taucht die Kuppen der Wellen in ein silbernes Licht. Von hinten werfen die Lichter der Skyline lange Schatten in den Sand, während das Wasser unsere Zehen kitzelt. Hach, ist das Leben schön!

Tubi 60, der trübe gelbliche Likör mit satten 40 Prozent Alkohol, ist »made in Israel« – aus angeblich 60 Zutaten. Doch welche genau das sind, verraten die Erfinder nicht.

Kein Geheimnis ist, dass das östliche Mittelmeer von Juli bis Oktober besonders warm ist. Ab Mai und bis Ende November ist es ebenfalls angenehm, aber alle anderen Monate würde ich nur Kälteresistenten empfehlen. Trotzdem sollte dieser Spaß in jede Ferienplanung. Vielleicht auch, weil es in Nordeuropa fast unmöglich ist, nachts im lauen Meer zu baden, ist es für mich eins der bezauberndsten Israel-Erlebnisse überhaupt.

WENN MAN SCHON MAL HIER IST:

Tubi 60 ⇨ bekommt man im Spirituosenhandel oder gut sortierten Kiosk (0.7 l ca. 110 NIS). Viele schwören darauf als Shot, ich trinke den Likör am liebsten als Cocktail. Für Red Tubi Tonic braucht man noch Cranberrysaft und Tonic aus dem Supermarkt. Einen Schuss Tubi ins Glas geben, darauf ein Drittel Saft, mit Tonic auffüllen. Ich mag es, den Drink mit einem Zweig Rosmarin umzurühren. Der wächst z. B. in der Metula St. in Neve Zedek oder im Park Hamesila.

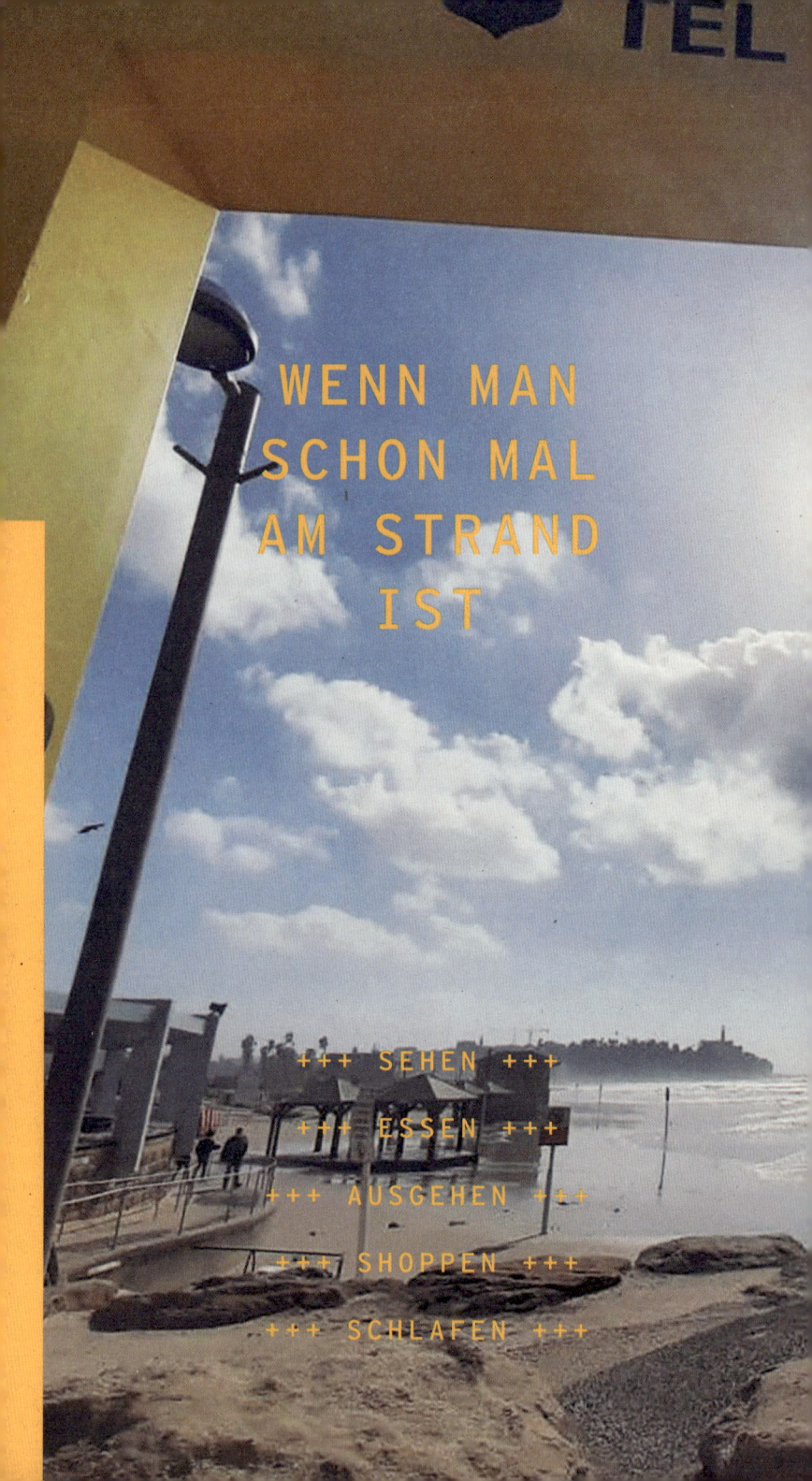

DAN HOTEL □↑

Die knallige Regenbogenfassade des Hotelklotzes an der Promenade gilt als eines der Wahrzeichen von Tel Aviv. Designt wurde sie in den 80er-Jahren von einem der berühmtesten Künstler des Landes, Yaacov Agam. Der Vater der kinetischen Bewegung in der modernen Kunst hat auch den Feuer-und-Wasser-Brunnen auf dem Dizengoff Platz gestaltet (siehe S. 168). Vier Kilometer südlich, in Rischon Lezion, hat er sogar sein eigenes Museum. Da gibt es den Rausch der Farben hochkonzentriert: kunterbunte Wandbilder, leuchtende Stelen im Garten und immer wieder die sich bewegenden Werke, durch die sich Agam auch international einen Namen machte.

+++ HOTEL: HAYARKON ST. 99 +++ BUS 4/10 GORDON BEACH +++ MUSEUM: 1 MAYSHA ST., RISHON LEZION +++ ZUG MOSHE DAYAN +++ MO-MI, FR UND SA 10–14.30 UHR, DO 16–20 UHR +++ 40 NIS, ERM. 20 NIS +++ YAMA.CO.IL +++

MARINA UND GORDON SCHWIMMBAD

Ursprünglich war die Marina nur ein Segelclub in Tel Aviv. Aber als die Zahl der Mitglieder zunahm, gründete man Anfang der 1970er-Jahre den Yachthafen. 2010 wurde er komplett umgebaut und ist heute mit seinem kleinen Leuchtturm an der Spitze ein hübscher Aussichtspunkt. Das Gordon Schwimmbad, das direkt hinter der Marina liegt, ist ein Klassiker. 1956 erbaut, gilt es nach wie vor als beliebter Treffpunkt. Die Pools sind mit Meerwasser gefüllt. Vor einigen Jahren kam ein Fitnessstudio mit Saunen und Whirlpool dazu.

+++ ELIEZER PERI ST. 14 +++ BUS 4/10 GORDON BEACH +++ POOL: SO 13.30–21 UHR, MO–DO 6–21 UHR, FR 6–19 UHR, SA 7–18 UHR +++ SO–FR 69 NIS, SA 79 NIS, ERM. 59/70 NIS +++

HASSAN-BEK-MOSCHEE

Wenn man am Strand liegt, hört man den Muezzin von hier rufen. Die einzige Moschee in Tel Aviv außerhalb von Jaffa, die noch für den Gottesdienst genutzt wird, ist die Hassan-Bek. 1916 ließ sie der damalige Gouverneur des Osmanischen Reichs erbauen, nach ihm ist sie benannt. Ihre Geschichte ist eng mit der des Nahostkonflikts verwoben. Der Bau im klassischen islamischen Stil ist ein angenehmer Anachronismus inmitten der modernen Hochhäuser. Für Besucher leider nicht zu besichtigen.

+++ YOSEF LEVI ST./ECKE HAKOVSHIM ST. +++ BUS 24/48 CARMELIT +++

ETZEL MUSEUM

Von außen ist der Bau recht eindrucksvoll, von innen nur was für Geschichtsfreaks. Das Museum, das der paramilitärischen Organisation Etzel gewidmet ist, wurde auf den Ruinen eines Hauses im einstigen arabischen Viertel Manashia gebaut. Etzel war eine jüdische Untergrundorganisation, die von 1931 bis 1948 im damaligen Palästina aktiv war. Sie kämpfte vor allem gegen die restriktive jüdische Einwanderungspolitik der Briten, die das Gebiet zu der Zeit verwalteten.

+++ SÜDL. ENDE DER HERBERT-SAMUEL-PROMENADE +++ U ELIFELET +++ SO-DO 8.30-16.30 UHR +++ 20 NIS, ERM. 15 NIS +++

BILDERRAHMEN

Erinnerungsfotos schießt wohl fast jeder gern im Urlaub. Wie wäre es, wenn man gleich den passenden Rahmen dazu bekommt? Das hat sich die Stadtverwaltung von Tel Aviv gedacht, als sie die zwei überdimensionalen Bilderrahmen vor beliebten Fotomotiven aufstellen ließ. Einer steht am Strand (neben dem Restaurant Manta Ray) mit Blick auf die alte Hafenstadt Jaffa, der andere an der Promenade in Jaffa mit Blick auf die Skyline in Tel Aviv (Segev St.). Einfach reinstellen und jemanden finden, der knipst!

+++ STRAND. PROMENADE JAFFA +++ U ELIFELET +++

MANTA RAY

Feinste mediterrane Küche mit Schwerpunkt auf Seafood und Meeresblick – so könnte man es zusammenfassen. Köstlich ist die »Jaffa school of fish«, da kommt abends auf den Teller, was den Fischern am Morgen ins Netz ging (89 NIS). Man sollte unbedingt versuchen, einen Platz auf der Terrasse zu ergattern; Israelis, die sich etwas gönnen möchten, treffen sich dort zum Frühstück.

+++ NAHUM GOLDMAN ST. 4 +++ U ELIFELET +++ TÄGL. 9 UHR BIS MITTERNACHT, BRUNCH BIS 11.45 UHR +++ MANTARAY.CO.IL +++

CHAZER GOLDMAN

Auch hierher kommt man für den Ausblick (auf den ikonischen Jaffa-Hafen). Umfangreiche Karte mit viel Fleisch und Fisch, üppige Portionen. Köstlich sind die Shrimp-Linguine.

+++ NAHUM GOLDMAN ST. 6 +++ U ELIFELET +++ MO-DO 10.30-23 UHR, SO AB 12 UHR, FR/SA 9.30-23 UHR +++ GOLDMANC.CO.IL +++

BANANA BEACH

Plastikstuhl schnappen, Füße im Sand vergraben, aufs Meer blicken und tief durchatmen – das ist hier Programm. Das Essen ist zweitrangig und auch recht teuer, aber mit Humus/Pita oder Pommes macht man nichts falsch.

+++ GEULA STRAND +++ BUS 10/19 BANANA BEACH +++ TÄGL. 11 UHR BIS SPÄT IN DIE NACHT +++

TAMARA

Kühlung für Tel Avivs heiße Sommer: Joghurt-Bar, die handgemachtes Eis am Stiel aus natürlichen Zutaten, Shakes und Frozen Yogurt anbietet.

+++ GORDON BEACH +++ BUS 4/10 GORDON BEACH +++ TÄGL. 10-1 UHR +++

4

BEACH BARS □↑

Eigentlich ist es recht egal, wo man am Strand einkehrt, um abends etwas zu trinken. Die Hauptrolle spielt sowieso das Mittelmeer. Alkohol ist in allen Lokalen ziemlich teuer, aber das Ambiente, wenn die Wellen rauschen, ist unbezahlbar.

+++ **BARS UND RESTAURANTS AN DER PROMENADE** +++
BUS 4/10 GORDON BEACH +++

STRAND

Einfach eine Flasche Wein oder zwei Bier kaufen und sich zum Sonnenuntergang in den Sand hocken. Schöner geht's kaum! Romantisch ist die Bucht am Geula Strand. Auf den Treppen am Frishman Strand kommt man schnell mit Leuten ins Gespräch.

+++++++++++++ **SHOPPEN** +++++++++++++

KIOSKE

In den Kiosken in der Nähe des Strandes gibt es alles, was man für einen entspannten Tag am Meer braucht: Sonnenmilch, Matkot-Schläger, Buddel-Spielzeug, Badeanzüge, kühle Getränke und Knabbereien.

+++ **SHLOMO LAHAT UND HAYARKON ST.** +++ **GEÖFFNET MORGENS BIS NACHTS** +++

WINE AND MORE

Bier, Wein, Shots … Hier gibt es die größte Alkohol-Auswahl der ganzen Stadt aus dem In- oder Ausland. Wer nicht aus der Flasche trinken möchte, kann passende Gläser oder Becher kaufen.

+++ NAHUM GOLDMAN ST. 8 +++ U ELIFELET +++ MO–DO 9–21 UHR, FR/SA/SO 9–20 UHR +++

++++++++++ SCHLAFEN +++++++++++++

BROWN BEACH HOUSE

Angenehm anders ist das Boutiquehotel der israelischen Kette Brown zwischen den riesigen Bettenburgen Hilton und Co. 52 Zimmer und Suiten bieten Luxus im Stil von Miami, viele mit Meeresblick (sogar der Neon-Flamingo an der Hauswand fehlt nicht). Voll ausgestattetes Spa im Hotel, DZ ab 785 NIS. Suite mit Terrasse und Jacuzzi ab 1300 NIS.

+++ HAYARKON ST. 64 +++ BUS 10/66 HAYARKON/ TRUMPELDOR +++ BROWNHOTELS.COM +++

SELINA BEACH TEL AVIV

Die Lage könnte nicht besser sein: über die Straße, und man ist am Strand. Das neue Selina hat in einem alten Bürogebäude aufgemacht und schnell ein nettes Völkchen angezogen. Ein Grund sind die coolen Partys mit wechselnden DJs auf dem Dach. Surferstyle-Ausstattung. Es gibt Dorms (Übernachtung im 8er ab 134 NIS) und Privatzimmer (DZ ab 584 NIS).

+++ ARIE SHENKAR ST. 2 +++ BUS 10/54 PROF. KAUFMAN +++ SELINA.COM +++

5
HAIR HALEVANA

+++ ERLEBEN +++

DIE WEISSE STADT. Ihren zweiten offiziellen Namen »Hair Halevana« verdankt Tel Aviv den mehr als 4.000 weiß getünchten Gebäuden im Bauhaus- oder Internationalen Stil – der größten Konzentration weltweit. Die minimalistischen Bauten sind nördlich der Allenby Straße im ganzen Zentrum verstreut und prima zu erlaufen. Seit 2003 gehören sie zum Weltkulturerbe der UNESCO.

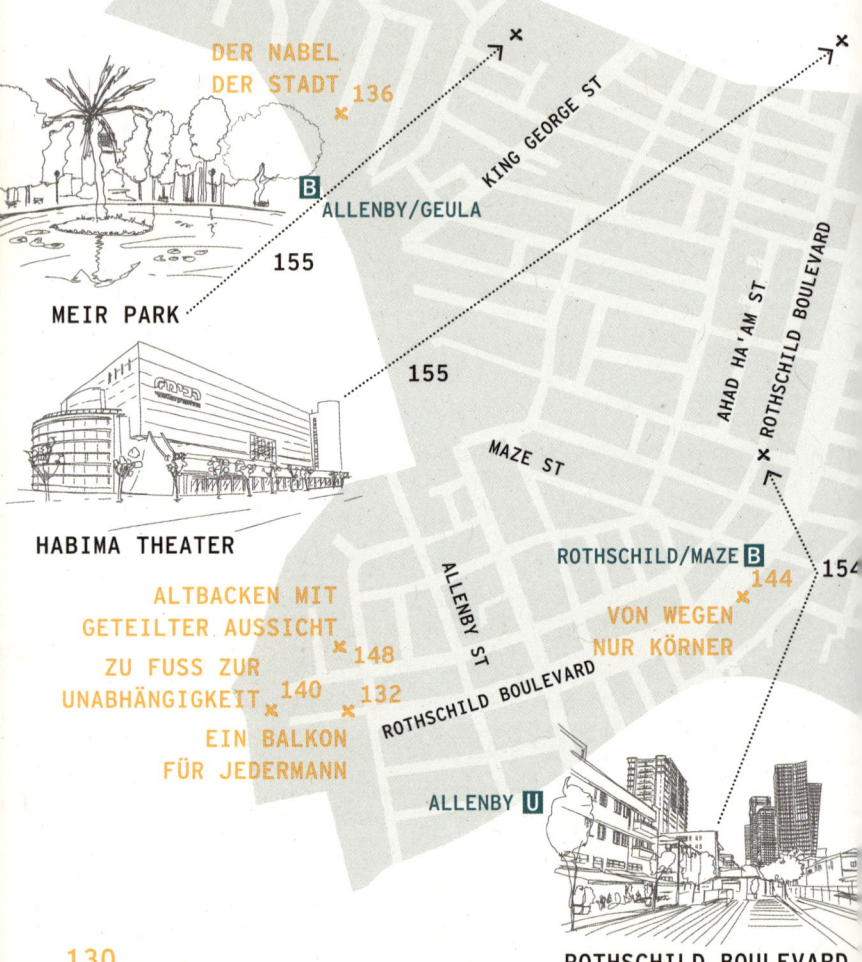

DER NABEL DER STADT 136

B ALLENBY/GEULA

155

MEIR PARK

155

KING GEORGE ST

AHAD HA'AM ST

ROTHSCHILD BOULEVARD

MAZE ST

HABIMA THEATER

ROTHSCHILD/MAZE **B** 154

ALTBACKEN MIT GETEILTER AUSSICHT

VON WEGEN NUR KÖRNER 144

ZU FUSS ZUR UNABHÄNGIGKEIT 140 148 132

ALLENBY ST

ROTHSCHILD BOULEVARD

EIN BALKON FÜR JEDERMANN

ALLENBY **U**

ROTHSCHILD BOULEVARD

DAS URBANE HERZ SCHLÄGT auf dem Rothschild Boulevard. Unter den dicken, schattenspendenden Bäumen pocht es unablässig: chillig am Tag, erlebnishungrig in der Nacht. In den Büros, Läden und Lokalen um die Straße herum spielt sich ein Großteil des städtischen Geschehens ab. Die Gegend ist zugleich kulturelles und historisches Zentrum.

EIN BALKON FÜR JEDERMANN

ARCHITEKTONISCHE SCHNITZELJAGD IN DER WEISSEN STADT

<--HAIR HALEVANA

U ALLENBY

+ + + **S T E C K B R I E F** + + +
WO? VOR DER TOURISTENINFO, ROTHSCHILD BLVD. 11
+++ U ALLENBY, BUS 14/18/23 MIGDAL SHALOM +++
WANN? JEDEN SAMSTAG UM 11 UHR AUF ENGLISCH +++
WIE LANGE? 2 STUNDEN +++ **WICHTIG!** IN DEN HEISSEN
MONATEN WASSER UND HUT MITNEHMEN +++ BAUHAUS-
CENTER, DIZENGOFF ST. 77, SO-DO 10-19 UHR, FR
10-14.30 UHR (SOMMER 1 STD. LÄNGER GEÖFFNET),
AUDIOGUIDE AUCH AUF DEUTSCH, 1,5 STD, 80 NIS
+++ BAUHAUS-CENTER.COM +++

KOSTENLOS, FAMILIENFREUNDLICH

SAMSTAGMORGEN KURZ NACH ZEHN. Mit meinem Morgenkaffee sitze ich auf einer Parkbank auf dem Rothschild Boulevard. Ich liebe diese Zeit, wenn sich die Stadt noch etwas schläfrig die Augen reibt. Nach und nach trudeln Leute ein, plaudern auf Deutsch, Ungarisch, Englisch … Und plötzlich steht ein schlanker Mann von der Bank gegenüber auf und ruft: »Guten Morgen! Ich bin Doron, Ihr Guide durch die Weiße Stadt.« Rund 40 Leute scheint die Architektur Tel Avivs genauso brennend zu interessieren wie mich.
Die Gruppe folgt ihm entlang des Rothschilds in eine Seitenstraße. »Architektur ist eine Sprache«, lässt Doron uns wissen und deutet auf das perfekt restaurierte Haus im eklektischen Stil. Wir sehen ein Sammelsurium aus Bögen, verzierten Toren und griechischen Säulen. Die Erbauer versteckten sogar kleine Geheimnisse wie Davidsterne an der Fassade.

SO HABE ICH DIE GEBÄUDE DIESER STADT

noch nie gesehen, voller bedeutungsträchtiger Zeichen. Die White-City-Tour als Schnitzeljagd. »Welches jüdische Symbol ist hier verborgen?«, fragt der Guide an einem Gebäude, das nur so »Eklektizismus« schreit. »Der Kerzenhalter«, weiß ein aufmerksamer Mann neben mir. Stimmt. Der eingemeißelte siebenarmige Leuchter zeigte an: Hier wohnen Juden.

Direkt nebenan eins der Häuser, für die Tel Aviv weltberühmt ist – gebaut im Internationalen Stil, auch Bauhaus genannt. Das Stadtbild ist geprägt von rund 4.000 dieser Gebäude, die in den 1930er- und 40er-Jahren vornehmlich von deutsch-jüdischen Architekten geplant wurden. Sie brachten den Stil aus der Bauhaus-Schule in Weinmar mit, als sie vor den Nazis aus Deutschland fliehen mussten.

Doron beschreibt den Unterschied zwischen den architektonischen Richtungen und lässt uns nach Besonderheiten des Internationalen Stils suchen. Das strahlend weiße Haus bildet einen krassen Gegensatz zum eklektischen Nachbarn: kein einziger Schnörkel, stattdessen Minimalismus pur, horizontale Linien, aufgebrochene Symmetrie. »Hier folgt die Form der Funktionalität. Und für jedermann gibt es einen Balkon.« Ich will einziehen!

SEIT DEN 90ER-JAHREN lässt die Stadtverwaltung mehr und mehr der charakteristischen Bauten von außen in ihren Urzustand zurückversetzen.

Eins von ihnen sehen wir uns eine Stunde später genauer an. Wir stehen wieder auf dem Rothschild Boulevard vor der Hausnummer 84 und damit dem berühmtesten aller Bauhäuser. Villa Savoy ist ein stromlinienförmiges Gebäude, zurückhaltend elegant, designt von Le Corbusier. Doron holt ein historisches Bild hervor. Sah damals aus wie heute. Hut ab vor den Restauratoren. Auch das Le-Corbusier-Gebäude ist konzipiert, um den Bewohnern das Leben angenehm zu machen. Statt Firlefanz wieder die Balkone, die an heißen Sommertagen kühlen, ein Flachdach bietet Platz zum Spielen – und der Innenhof dient als Treffpunkt für die Nachbarn.

Ich möchte mehr über den Internationalen Stil erfahren. Am nächsten Tag gehe ich ins Bauhaus-Zentrum auf der Dizengoff St., leihe mir einen Audioguide für einen Rundgang auf eigene Faust und laufe los. Geschätzte 30 Häuser habe ich am Samstag angeschaut. Bleiben noch 3.970.

WENN MAN SCHON MAL HIER IST:
Auf dem geschäftigen Rothschild Boulevard geht es schnell unter: das Denkmal für Terroropfer □→. Auf der Höhe der Hausnummer 30 erinnert ein zerbrochenes Aquädukt, Symbol für das Leben, an die Opfer eines Anschlages im März 1993 durch palästinensische Extremisten. Ein Vater, dessen Sohn Nathan dabei starb, hat das Mahnmal aufstellen lassen.

DER NABEL DER STADT

EIN BESUCH BEI
DEN IMMIGRANTEN AUS EUROPA

<--HAIR HALEVANA

U ALLENBY

+ + + S T E C K B R I E F + + +
WO? BIALIK STREET +++ DIE BIALIK GEHT DIREKT
IN DIE EBENSO KLEINE IDELSON STREET ÜBER +++
U ALLENBY, BUS 4/19 ALLENBY/BIALIK +++ WANN?
BEIT HAIR/BIALKIK HAUS: SO-DO 11-17 UHR, FR/SA
10-14 UHR; BAUHAUS STIFTUNG: MI/DO 10-17 UHR,
FR 10-14 UHR; LIEBLINGHAUS: SO-DO 8-19 UHR, FR
8-14 UHR, SA 9-14 UHR +++ WICHTIG! IN DEN MU-
SEEN FINDEN SICH AUCH ENGLISCHE (IM LIEBLING-
HAUS SOGAR DEUTSCHE) BESCHRIFTUNGEN. IM BIALIK
HAUS GIBT ES EIN ERKLÄRUNGSHEFT AUF ENGLISCH
+++ WIE VIEL? KOMBITICKET BEIT HAIR UND BIALIK
HAUS 30 NIS, ERM. 20 NIS +++ BAUHAUS STIFTUNG
UND LIEBLINGHAUS FREIER EINTRITT +++

DEN EINGANG ZUR RECHOV BIALIK übersieht man im Rummel der lauten Allenby schnell. Doch einst war die kleine Straße der Nabel der Stadt. Sie beherbergt gleich fünf Museen voll von überraschenden Kostbarkeiten, die europäische Einwanderer mitgebracht und damit Israel geprägt haben.

Ich beginne im Haus von Nationalpoet Haim Bialik (Nr. 22), wo mich die volle Wucht des Eklektizismus trifft, geschwungene Tore aus Tausendundeiner Nacht, daneben der Kachelofen aus einem russischen Schtetl. Auf der Terrasse lehne ich mich im Schatten von Lotusblüten zurück und stelle mir vor, wie der Dichter einst seinen Tee genoss. Der Orient-Okzident-Mix wird oft als himmelschreiender Kitsch abgetan, passt aber hierher. Schließlich hätte der Kontrast für die vor den Nazis aus Europa Geflüchteten bei der Ankunft im heißen, sandigen Nahen Osten kaum größer sein können.

DOCH VON WEGEN europäische Zurückhaltung. Die Zimmer, in denen Bialik seine Poesie verfasste, ließ er in berauschenden Knallfarben streichen. Draußen geht es mit dem Musikzentrum in sattem Orange weiter, hinter dem Brunnen leuchtet es mit den Sonnenstrahlen um die Wette. Das perfekte Fotomotiv!

Ich habe Lust auf noch mehr Geschichte(n) bekommen und gehe in die erste Verwaltung der Stadt, ein hübsches Gebäude im Art-déco-Stil (Nr. 27). Hier saß jahrelang Bürgermeister Nummer eins, Meir Dizengoff. Beweise, dass auch der »große Dizengoff« ein gewöhnlicher Mensch war, liefern zwei Strafzettel in seiner Amtsstube. Einmal erwischte man ihn, wie er den Rothschild Boulevard hinunterraste – auf seinem Pferd. Ein anderes Mal bekam er ein Knöllchen für Nacktbaden am Strand. Er möge bitte seine eigenen Gesetze achten, mahnte die Polizei damals. Im Untergeschoss der Ausstellung finde ich in einer Sammlung persönlicher Erinnerungen der Städter meinen absoluten Favoriten: Man bekommt teils skurrile Einblicke in die Historie durch Motive wie Menschen in Badehosen oder mit stolzgeschwellter Brust vor dem neuen Auto. 24.000 Fotos und Stories sind in den Computern gespeichert – in denen ich mich den ganzen Tag verlieren könnte!

EINIGE HÄUSER WEITER stoße ich auf den krassen Gegensatz in Bauhaus-Stiftung (Bialik St. 21) und Lieblinghaus (Idelson St. 29): Hier wird die kühle Moderne des Internationalen Stils gefeiert. Im Lieblinghaus besticht die echte Bauhaus-Wohnung »HaDira« aus der Zeit der Staatsgründung mit ihrem Charme. Von Küchenschränken bis zur Sofagarnitur ist alles so wie einst, als das Ehepaar Scheuer aus Deutschland hier lebte. Wieder auf den Straßen unterwegs, fallen mir plötzlich an jeder Ecke die Bauhaus-Gebäude auf, die mit ihren Rundungen, den Balkonen und der weißen Fassade so charakteristisch für Tel Aviv sind.

Die Stadt investierte viel, um der Gegend zu neuem Glanz zu verhelfen. Heute ist der Bialik-Komplex nicht nur die bezauberndste Straße der Stadt, sondern auch UNESCO-Weltkulturerbe. Ein Bummel durch die kleinen, erlesenen Museen kann 30 Minuten dauern oder fünf Stunden. Ich lasse mich gern stundenlang treiben, denn nirgends sonst ist die Geschichte der Einwanderung mit all ihren Wundern, Wünschen und Widersprüchen so spürbar wie hier.

WENN MAN SCHON MAL HIER IST:

Wer nach so viel Kultur eine Verschnaufpause einlegen möchte, bleibt am besten im Lieblinghaus. Im Erdgeschoss gibt es das nette **Lev-Café** ☐→, das ein wenig an Europas Kaffeehäuser von damals erinnert. Auf der Speisekarte stehen Sandwiches, kalte Getränke, Kaffee und leckerer Kuchen. Wenn es nicht zu heiß ist, sollte man sich im lauschigen Garten ein Plätzchen suchen. Tägl. 8.30–19 Uhr, Fr/Sa bis 14 Uhr.

LEV לב
CAFÉ חפה

ZU FUSS ZUR UNABHÄNGIGKEIT

EIN SPAZIERGANG RUND UM DIE ENTSTEHUNG DES STAATES ISRAEL

<--HAIR HALEVANA

U ALLENBY

WO? AUF UND UM DEN ROTHSCHILD BOULEVARD +++ U ALLENBY, BUS 1/18/23 MIGDAL SHALOM +++ WANN? ZU JEDER TAGES- UND NACHTZEIT +++ WIE LANGE? ETWA 2 STUNDEN +++ WIE VIEL? KOSTENLOS +++ BEI DER TOURISTENINFO (ROTHSCHILD BLVD. 11, SA-DO 9-21 UHR, FR BIS 16 UHR) KANN MAN GEGEN PFAND (Z. B. FÜHRERSCHEIN) FÜR 15 NIS EIN TABLET MIT ERKLÄRUNGEN (AUCH AUF ENGLISCH) LEIHEN. DIE KARTE ZUM UNABHÄNGIGKEITSPFAD GIBT ES AUCH AUF DEUTSCH +++ WICHTIG! DIE UNABHÄNGIGKEITSHALLE WIRD RENOVIERT, NACH FERTIGSTELLUNG 2025 SOLL SIE EIN INTERAKTIVES GESCHICHTSMUSEUM SEIN +++

140 KOSTENLOS, FAMILIENFREUNDLICH

AM FRÜHEN ABEND stehe ich auf dem Rothschild Boulevard vor dem Büroturm mit der Nummer eins. Aus der durchgestylten Lobby strömen vor allem junge Leute nach einem Tag in einem der Start-ups. Feierabend. Die Dämmerung hat eingesetzt, und die Straßenlampen gehen an. Auch unter meinen Füßen.

Hier, am Mosaik-Brunnen zur Geschichte der Stadt, beginnt der Pfad der Unabhängigkeit, der auf der größten Ausgehmeile Tel Avivs die bewegende Entstehung des Staates Israel erzählt. Am Abend ist er beleuchtet, ein bisschen dramatischer Touch kann ja nicht schaden. Mitten in der Feiermetropole, der Hochburg von Hedonismus und Hightech, würden wohl die wenigsten so viel Historie vermuten. Tel Aviv gibt es schließlich erst seit etwas mehr als 110 Jahren; Jerusalem dagegen hat Jahrtausende auf dem Buckel.

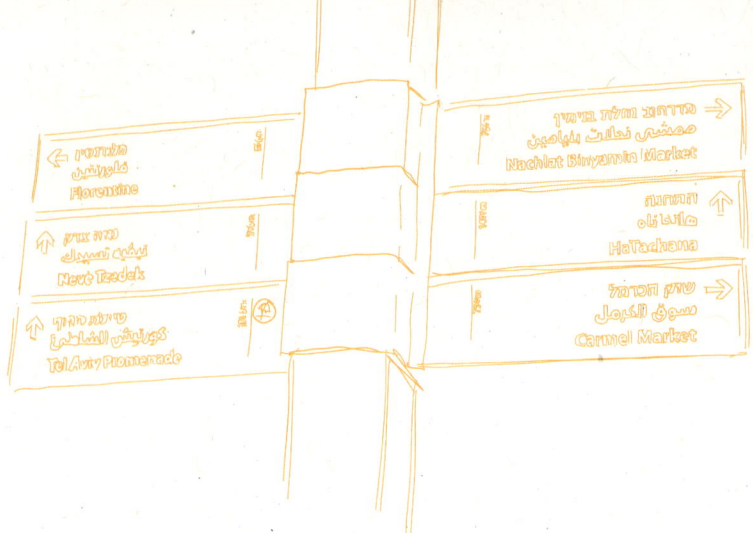

ICH BIN ALSO GESPANNT, was es zu sehen gibt. Etwa einen Kilometer folgt man dem goldenen Streifen, der in den Boden eingelassen ist. Und überhaupt ist der Rothschild Boulevard mit seinen Flammenbäumen in der Mitte ideal für Spaziergänge an lauen Abenden. Zunächst laufe ich zum ältesten Kiosk von 1909. Das hübsche Miniaturgebäude mit dem Zipfeldach ist nach der Restaurierung wieder Treffpunkt der Städter. Wie damals wird hier heute noch der Sprudel Gazoz in verschiedenen Geschmacksrichtungen verkauft (erfrischend!).

Mein nächster Stopp ist die Statue des ersten Bürgermeisters Meir Dizengoff, der Tel Aviv 25 Jahre lang legendär vom Pferd aus regierte und besonders in die Kultur investierte. »Es sind nicht die Häuser, Straßen oder Gärten, die eine Stadt ausmachen – sondern die Qualität ihrer Bewohner«, meinte er. In Bronze gegossen schaut er noch immer auf das Geschehen herunter. Dahinter steht sein Wohnhaus, das später zur Unabhängigkeitshalle wurde. Hier verkündete Premierminister David Ben Gurion am 14. Mai 1948 vom Balkon: »Der Staat Israel ist gegründet!« Schließt man die Augen in der urbanen Geräuschkulisse, kann man ihn fast noch hören, den frenetischen Jubel der Israelis über ihren eigenen Staat.

VORBEI am wenig spektakulären Gründerbrunnen (Nr. 16) gehe ich weiter geradeaus und biege links in die Allenby Street ein. Die große Synagoge (Nr. 110, Eintritt 10 NIS) wurde 1925 als Symbol für die Verbindung von säkularen und religiösen Bewohnern gebaut und in den 60er-Jahren leider im Stil des Brutalismus erweitert. Die bunten Glasfenster sollen an europäische Synagogen erinnern, die in der Schoa durch die Nazis zerstört wurden. Heute kommt man weniger zum Beten in die Gegend, sondern eher, um sich auf Drinks in den Lokalen zu treffen, die in Arkadengängen hinter dem Betonmonstrum aufgemacht haben.

Mein Spaziergang endet hier, weil man an dieser Stelle gut nachvollziehen kann, wie die Utopie eines Judenstaates, die Theodor Herzl 1902 in seinem Werk *Altneuland* beschrieb, Realität wurde. Während der österreichisch-ungarische Journalist damit den geistigen Grundstein für Israel legte, waren es die Einwanderer, die hierzulande Fakten für die Unabhängigkeit schafften und aus dem Nichts einen erstaunlichen Staat aufbauten. Respekt!

5

WENN MAN SCHON MAL HIER IST:

Direkt an der großen Synagoge befindet sich das hippe Lokal Port Said □→ mit mediterraner Küche von Chefkoch Eyal Shani. Der »Poet des Gemüses« ist berühmt für seine Blumenkohlköpfe aus dem Ofen und die in Backpapier zermatschte Kartoffel, die so viel besser schmeckt, als sie aussieht. Man lässt sich am besten auf den Treppen davor nieder und genießt die Vibes der Stadt. Manchmal irre voll, Anstehen lohnt aber. Har Sinai St. 5., tägl. 12–2 Uhr, Fr bis 17 Uhr.

VON WEGEN
NUR KÖRNER

EINE SCHLEMMERTOUR
IN DER HOCHBURG DER VEGANER

<--HAIR HALEVANA

+ + +S T E C K B R I E F+ + +
WO? TREFFPUNKT IM BANA-RESTAURANT, NAHMANI
ST. 36 +++ BUS 21/70 YEHUDA HALEVI/NAHMANI
+++ WANN? MONTAG 18.30 UHR (DER TAG KÖNN-
TE SICH ÄNDERN, JE NACH SAISON KÖNNEN AUCH
WEITERE HINZUKOMMEN) +++ TOUR ZU BUCHEN BEI:
BETELAVIVTOURS.COM +++ WIE LANGE? CA. 3 STUN-
DEN +++ WIE VIEL? 299 NIS PRO PERSON +++
WICHTIG! DEM GUIDE VOR BEGINN EVENTUELLE
ALLERGIEN (NUSS!) MITTEILEN! +++

ICH KOMME HUNGRIG, wie man es mir beim Buchen der Tour gesagt hat. Ganz ehrlich, ich könnte ein
Schwein reißen, habe einen Bärenhunger. Meine Ge-
danken zu Bären und Schweinen behalte ich aber lieber
für mich, denn heute werde ich Körner essen. Ich hoffe,
ich werde satt bei dem veganen Abenteuer. Im lauschigen Garten des *Bana*, das nur Speisen »auf Pflanzen-
basis« auf der Karte hat, wartet Julian. Er ist Veganer
und unser Guide. Wir Teilnehmer stellen uns vor und
sollen eine Obst- oder Gemüsesorte nennen, die zu uns
passt. Ich bin eine Guave, weil die so gut riecht. Wir
amüsieren uns über die Einfälle der anderen. Dann ist
auch schon das Essen da, alles in Schalen zum Teilen:
Curry mit Tofu und Süßkartoffel, Lima-Bohnen-Pas-
te, Austernpilze mit Pak Choi. Keine Körner. »Nicht
höflich sein«, ruft Julian und grinst, »hier geht es ums
Essen. Also reinhauen!«

SYMPATHISCH, finde ich und greife zu. Es ist so yummy, dass ich meine Zurückhaltung vergesse und dreimal Nachschlag nehme. Das Curry ist perfekt gewürzt, die Limabohnen sind cremig und überraschend im Aroma. Julian ist in seinem Element: »Das *Bana* respektiert Gemüse und bereitet es in einer besonders cleanen Art zu.« Wir nicken. Tel Aviv ist eine Hochburg der veganen Kulinarik, es gibt mehr solcher Restaurants als irgendwo sonst auf der Welt. Dennoch verblüffen uns die Zahlen: 8 Prozent der Israelis sind Veganer, 17 Vegetarier, ein Viertel der gesamten Bevölkerung isst also kein Fleisch. Schnell sind wir in eine angeregte Unterhaltung vertieft, plaudern über Essen, Gott und die Welt.

»Bereit für das nächste kulinarische Erlebnis?« Sind wir. Im *Green Roll* wird uns eine gemischte Sushiplatte serviert, die alle sofort fotografieren. Tatsächlich sind die Sushis außergewöhnlich kreativ und köstlich, »sie schmecken nach Meer, durch die besonderen Algen.« Und nach mehr! Dann klärt unser Experte in Sachen vegane Ernährung unterhaltsam gängige Mythen auf und gibt Einblick in eine Esskultur, die weit über das hinausgeht, was auf den Tisch kommt.

DER NÄCHSTE STOPP ist Fine Dining vegan Style. Unsere Fünfergruppe aus Nicht-Veganern nimmt unter Lichterketten vor dem *Meshek Barzilai* Platz. Die Kellnerin bringt ein Stück Rindfleisch mit dunkler Soße. Huch, sind wir hier falsch? »Das ›Fleisch‹ ist pflanzlich und stammt aus dem 3-D-Drucker«, erklärt Julian und gabelt ein Stück auf. Sieht aus wie Fleisch, schmeckt wie Fleisch, aber ich mochte Rind noch nie und finde die Pasta aus Gemüsestreifen verlockender. Wir philosophieren angeregt über gesunde Ernährung, als die veganen Desserts angekündigt werden. Sie sollen der krönende Abschluss sein.

Jetzt aber die Körner, bin ich mir sicher. Doch es landen ein dicker Schokoladenball, Zitronentarte mit Baiser und »Käsekuchen« auf dem Tisch. Mein Lieblingsnachtisch schmeckt ... wie ein Kuchen aus Quark und Sahne. Fast unverschämt lecker, wenn man bedenkt, dass beinahe nur Cashew und Ahornsirup drin ist. Ich glaube zwar nicht, dass ich bald Veganerin werde. Aber der Genuss hat über meine Vorurteile gesiegt. Und satt bin ich auch.

5

WENN MAN SCHON MAL HIER IST:

Wer sich im Stil des Kibbuz, der sozialistischen Kooperative Israels, kleiden will, muss bei Ata ☐→ vorbeischauen. Die Kleiderfabrik wurde 1934 gegründet und 1985 geschlossen. Nach einer Museumsausstellung 2016 zur Ata-Mode belebten zwei Fashionistas sie wieder und bescherten dem Isra-Stil eine Renaissance mit modernem Touch. Der Chic ist working-class-schlicht, die Qualität hervorragend (atawear.co.il, Allenby St. 93, So–Do 10–20 Uhr, Fr 10–16 Uhr).

ALTBACKEN MIT GETEILTER AUSSICHT

IM ERSTEN HOCHHAUS DES NAHEN OSTENS

<--HAIR HALEVANA

+ + + S T E C K B R I E F + + +
WO? IM SHALOM (MEIR) TURM +++ AHAD HAAM ST. 9
+++ BUS 4/5/24/48/142 CARMELIT +++ WANN? SO-DO
8 BIS 19 UHR, FR BIS 14 UHR +++ WIE LANGE?
1 BIS 2 STUNDEN +++ WIE VIEL? KOSTENLOS +++

HUNDERTE MALE bin ich an ihm vorbeigelaufen, doch drin war ich nur, wenn ich zur Post musste. Zeit genommen habe ich mir nie. Heute aber! Es ist Freitagmorgen, und ich bin voller Entdeckerlust. Neugierig stehe ich vor dem ersten Hochhaus des Nahen Ostens, dem Shalom Turm von 1965. Besonders elegant ist er nicht, ein rechteckiger Klotz von 120 Metern Höhe in Sandbeige. Fast trotzig scheint er im Schatten der Glitzerfassaden der »echten« Skyscraper zu sagen: »Ich war der Erste!« Und übrigens: Die Herzl St. führt unter dem Turm durch. Welcher Wolkenkratzer kann das schon von sich behaupten? Ich nehme den Eingang neben dem Supermarkt am:pm und bin sofort in eine andere ästhetische Umgebung versetzt. An einer Wand leuchtet ein Mosaik in den Farben der 70er: Grün, Blau, Orange, Rot. Darauf erzählt Nahum Gutman in naiven Bildern die Geschichte der Stadt.

ES IST DAS ERDGESCHOSS einer anderen Zeit. Mit altbackenen Modellen von Häusern der Gründerepoche vor dem Mosaik, in denen die Zimmer detailgetreu nachgebaut sind, und wundervollen Fotos des alltäglichen Lebens, darauf Eselskarren mit Eisblocks oder Strandleben in den 1920ern. Ich nehme die Rolltreppe – und erlebe eine echte Überraschung: Die komplette erste Etage ist eine Ausstellung zur Geschichte Tel Avivs! Die schaue ich mir auf jeden Fall noch an, aber erst will ich sehen, ob ich einen Ausblick von oben erhaschen kann. Der Turm ist im Innern zweigeteilt, den West- und Ostblock, nur die erste Etage verläuft über die gesamte Fläche. Ich durchquere sie bis zum Fahrstuhl »West Wing« und drücke die 29. Dort angekommen gehe ich durch einen menschenleeren Korridor bis zu dem Fenster, das von der Decke bis zum Boden reicht. Und staune. Nur hier sieht man die Stadt aus dieser Perspektive. Mein Blick schweift von Neve Zedek über den Strand bis ins alte Jaffa. Das Tel Aviv von damals.

Nun versuche ich die andere Seite, fahre wieder runter in den ersten Stock und nehme von dort den Aufzug »East Wing«, 29. Stock, gleicher Flur. Die Aussicht ist eine völlig andere: Wolkenkratzer, die sich gen Himmel recken, immer höher hinaus. Vor mir liegt das Tel Aviv von heute.

JETZT BIN ICH GESPANNT ZU ERFAHREN, wie alles begann. Es ist schließlich kaum mehr als 110 Jahre her, als 1909 sechzig jüdische Familien ein Stück Sand nordöstlich von Jaffa kauften und eine neue Kolonie gründeten – Tel Aviv. Ihre Hauptstraßen waren der Rothschild Boulevard und die Herzl Street, genau da, wo ich stehe. Schon mit dem ersten Spatenstich hatten die Pioniere nicht etwa ein Dorf im Sinn, sondern eine Metropole. Und damals wie heute scheint die Stadt größer und bedeutender, als es ihrer tatsächlichen Einwohnerzahl entspricht. Genauso planten das die Visionäre von einst. Als ich auf die Uhr schaue, sind zwei Stunden verflogen, in denen ich die Schwarz-Weiß-Fotos der Immigranten aus Europa studiert, ihre Geschichten durchgelesen und mich in eine andere Zeit gedacht habe. Alles ist leise und bedächtig im ersten Hochhaus jener Stadt, die ich »zu Hause« nenne. Ich fahre die Rolltreppe runter, trete hinaus auf die Straße und bin schlagartig in der Neuzeit angekommen. Laut, hektisch – Tel Aviv eben. Schade eigentlich.

5

WENN MAN SCHON MAL HIER IST:
Das heutige Tel Aviv ist so tech-freundlich wie keine andere Stadt. Freies Internet gibt es fast überall. Der Clou ist das Outdoor-Office auf der Rothschild Plaza □→, wo unter einem Schattendach Tische und Bänke samt Steckdosen (auch USB) installiert sind. Juli und August sind zu heiß, und Regen auf dem Laptop ist auch nicht toll, aber in acht Monaten des Jahres ist das Draußen-Büro genial. Kaffee gibt es bei Maison Kaiser schräg gegenüber, Ecke Herzl St.

WENN MAN SCHON MAL IN HAIR HALEVANA IST

+++ SEHEN +++

+++ ESSEN +++

+++ AUSGEHEN +++

+++ SHOPPEN +++

+++ SCHLAFEN +++

ROTHSCHILD BOULEVARD

Diese Straße bietet alles für einen perfekten Tag in der Weißen Stadt: riesige Bäume, Bänke, Hängematten, Rasenflächen, nette Cafés und Restaurants. Das finden auch die Tel Aviver und flanieren hier zu jeder Tages- und Nachtzeit: Die Prachtstraße verbindet Neve Zedek im Süden mit dem Habima-Platz im Norden. Es gibt drei Kioske, an denen kleine Speisen, Gebäck und Kaffee Hafouch (israelische Variante des Cappuccinos) angeboten werden. Was zu gucken gibt es obendrauf: rundherum interessante Bauhaus-Architektur, mittendrin viele schöne Menschen. Einfach ein lauschiges Plätzchen und einen Shake oder Kaffee schnappen und das Leben genießen – so wie es die Tel Avivis tun.

+++ ROTHSCHILD BLVD. +++ U ALLENBY, BUS 5/21 ROTHSCHILD/ALLENBY +++ TOURISTENINFO IN HAUSNR. 11 +++

HABIMA THEATER

Am Ende des Boulevards liegt glitzernd Israels Nationaltheater (die Fassade ist tatsächlich in Funkelfarbe gestrichen). Davor ist ein großer Platz, auf dem sich an lauen Sommerabenden die Städter treffen. Kinder rasen ratternd auf ihren Rollern herum, während die Eltern klassischer Musik lauschen. Die strömt rund um die Uhr aus versteckten Lautsprechern in den tiefergelegten Garten, wo man wunderbar eine Pause einlegen kann. Das Habima war bei seiner Gründung 1918 das erste Theater der Welt, in dem Stücke auf Hebräisch gespielt wurden. Heute gibt es auch Aufführungen auf Englisch.

+++ TARSAT ST. 2 +++ BUS 39/63 HABIMA +++
HABIMA.CO.IL +++

MEIR PARK

Wenn es nur einen Park in der Stadt geben dürfte, es müsste dieser sein. Die kleine grüne Oase, die schon in den 1940ern angelegt wurde, ist der Inbegriff für Tel Aviv mit ihrem Hundepark und dem Zentrum für die LGBTQ+-Gemeinde. Hier beginnt jedes Jahr die legendäre Pride Parade, zu der bis zu einer Viertelmillion Feierwütige kommen. An ganz gewöhnlichen Tagen schlendern junge Familien unter den schattigen Bäumen hindurch, und ihre Sprösslinge vergnügen sich auf den Spielplätzen.

+++ AN DER KING GEORGE ST. 2 +++ BUS 24/48
KING GEORGE/HAHASMONAIM +++

CINEMATHEQUE

Früher gab es hier neben Kunst auf der Leinwand ein tolles Ambiente. Im Neubau gibt es – na ja, Kino. Der Charme des originalen Baus aus den 70er-Jahren wurde wegrenoviert, Popcorn und Getränke darf man während der Vorstellung auch nicht mehr verzehren. Es bleibt allerdings eine fantastische Auswahl an künstlerischen Filmen aus dem In- und Ausland, die täglich in fünf Sälen gezeigt werden (OmU).

+++ HAARBAA ST. 4 +++ U YEHUDIT, BUS 23/63 CINE-MATHEQUE +++ KARTE 40 NIS +++ CINEMA.CO.IL +++

←▢ SARONA MARKET

Ein ganzes Einkaufszentrum zum Schlemmen: Patisserien, Schlachtereien, Gourmet-Käsereien, Obst- und Gemüse-shops, Wein- und Schnapsläden reihen sich aneinander, in der Mitte Stände von Restaurants. Insgesamt gibt es fast 100 Lokale, satt wird man also allemal. Draußen vor der Tür stehen die Templer-Häuser der christlichen Pilger, die einst der Frömmigkeit wegen aus Deutschland ins Heili-ge Land kamen; sie sind zwar malerischer, doch genauso kommerziell: In den 140 Jahre alten Bauten haben trendige Cafés und Edelboutiquen aufgemacht. Donnerstags veran-staltet die Stadtverwaltung kostenlose Touren durch Sarona.

+++ KALMAN MAGEN ST. 3 +++ U YEHUDIT, BUS 96/101 HAARBAA +++ SA-MI 10-22, DO 10-23 UHR, FR 9-16 UHR +++ TOUREN IN ENGLISCH +++ SARONATLV.CO.IL +++

BICICLETTA

Das charmante Lokal mit großem Garten im Hinterhof ist perfekt für einen Abend zu zweit oder mit Freunden. Lecker essen im Tapas-Stil unter Lichterketten. Die frittierten Auberginen-Pommes mit der scharfen (!) Soße sind to die for (34 NIS). Nettes Café im selben Komplex.

+++ NAHALAT BINYAMIN ST. 29 +++ U ALLENBY +++ SO-DO 17.30-1 UHR, FR/SA 12-1 UHR +++ BICICLETTATLV.CO.IL +++

DELICATESSEN

Im Erdgeschoss Deli, im ersten Stock Restaurant. Ob man hier isst oder die Köstlichkeiten mit nach Hause oder zum Picknick nimmt: Die Qualität der Speisen ist hervorragend.

+++ YEHUDA HALEVY ST. 79-81 +++ U ALLENBY +++ SO-DO 7-20 UHR, FR 7-16 UHR, SA 8-14 UHR +++ DELITLV.CO.IL +++

KIOSK WE LIKE YOU TOO

Freitagmorgens, wenn die Tel Avivis frei haben, gehen sie an den Kiosk. Einer der beliebtesten ist der am Habima-Theater. Freundinnen und Freunde erzählen einander bei gutem Kaffee und fetten Sandwiches von den Erlebnissen der Woche.

+++ BEN ZION BLVD. 31 +++ BUS 39/63 HABIMA +++ SO-DO 7.30-0 UHR, FR 7.30-17 UHR, SA AB 9 UHR +++

FALAFEL RATZON

Man erkennt es an der Schlange: Die kleine Bude hat das günstigste Falafel im Land. Für 7 NIS bekommt man eine Pitatasche voller Kichererbsenbälle mit Salat. Gut schmeckt's auch noch.

+++ KING GEORGE ST. 17 +++ BUS 4/19/104 ALLENBY/ BIALIK +++ SO-DO 9-18 UHR, FR 9-14.30 UHR +++

5

SPUTNIK □↑

Unten, wo die Bäume durchs Dach wachsen, trifft man sich auf ein Bierchen. Später geht es die Treppe rauf in ein Labyrinth aus Tanzflächen und Bars im Retro-Futurism-Design.

+++ ALLENBY ST. 122 +++ U ALLENBY +++ SA–DO 19–7 UHR, FR 21–9 UHR +++ 30 NIS +++ FACEBOOK.COM/SPUTNIKTLV +++

HERZL 16

Die Bar im Hinterhof mit cooler Musik und gemischtem Publikum ist prima zum Tag-ausklingen-Lassen. Platz an der Theke schnappen, Cocktail und Happen dazu, besser geht's kaum.

+++ HERZL 16 +++ U ALLENBY +++ TÄGL. 8 UHR BIS LETZTER GAST, SO AB 17 UHR +++ HERZL16.CO.IL +++

+++++++++++ SHOPPEN +++++++++++++

SHEINKIN STRASSE

Seit den 80ern ist die Einkaufsstraße eine der beliebtesten Tel Avivs. Auch mit Kindern prima zum Bummeln, mittendrin ein Park mit Spielplatz. Die besten frischen Säfte gibt es bei Die Schönen und die Säfte, Nr. 7.

+++ SHEINKIN ST. +++ U ALLENBY, BUS 23 SHEINKIN/FEIERBERG +++

IKA

Die bezaubernde Ika Cohen macht für mich die besten Pralinen der Welt. Wer es nicht glaubt, probiert die Sorten Basilikum oder Lemon-Crunch. Mega-Mitbringsel!

+++ YAD HARUTZIM ST. 11 +++ BUS 47/171 HAMAS-GER/YAD HARUTZIM +++ MO-DO 10-19 UHR, FR 10-14 UHR, SO 12-19 UHR +++ IKACHOCOLATE.COM +++

+++++++++++ SCHLAFEN +++++++++++

FABRIC HOTEL

In Anlehnung an das Stoffviertel, in dem es liegt, ist das Fabric der Atlas-Kette eine super Adresse, um die Stadt zu erkunden. Zimmer und Dachterrasse sind im ultracoolen Industrie-Chic designt. In der Bar Bushwick unten im Haus nippen auch gern Locals an Cocktails. Mini-DZ ab 625 NIS, DZ ab 768 NIS.

+++ NAHALAT BINYAMIN ST. 28 +++ U ALLENBY, BUS 24/82 ALLENBY/MAZE +++ ATLAS.CO.IL +++

HOTEL 75 BY PRIMA

Funky Boutique-Hotel an der geschäftigen (und sehr lauten) Allenby St. mit nettem Coffee-Shop am Eingang. Gutes Preis-Leistungs-Verhältnis für Tel Aviv mit sauberen Zimmern und eigenem Bad. Fun-Faktor ist die witzige Kunst an Wänden und Decken. Ideal für alle, die gern mittendrin sind und einen festen Schlaf haben. DZ ab 554 NIS.

+++ ALLENBY STR. 75 +++ U ALLENBY, BUS 18/23 ALLENBY/BALFOUR +++ HOTEL75-TELAVIV.COM +++

6

ZENTRUM

+++ ERLEBEN +++

ZWEI GROSSE PLÄTZE bestimmen das Zentrum: der Dizengoff-Platz auf der gleichnamigen Straße und der Rabinplatz vor der Stadtverwaltung. Östlich davon sind die meisten kulturellen Einrichtungen angesiedelt: das Museum für moderne Kunst, das Habima-Theater, die Cinematheque und das

ARLOZOROV ST

BEN GURION BOULEVARD

180

DAS BÖCKLEIN MAG NICHT
IN MILCH GEKOCHT SEIN

J.L. GORDON ST   164

B DIZENGOFF/
SHATZ

DIZENGOFF ST

HARAV REINES ST

SDEROT CHEN

SHLOMO IBN GABIOL ST

KIKAR RABIN/
MALACHEI ISRAEL

B KIKAR
DIZENGOFF/REINES

BEN GURION HAUS
UND BOULEVARD

168 RUND SCHLIESST
SICH DER KREIS

B

172 EINEN STEIN AUF
DEM ANDEREN LASSEN

KING GEORGE ST

BOGRASHOV ST

B DIZENGOFF CENTER
DIZENGOFF ST

TEL AVIV

ZENTRUM-->

179

RABIN PLATZ

Zentrum für darstellende Kunst mit der Oper. Wie in Hair Halevana so gibt es auch im Zentrum jede Menge Bauhaus-Gebäude zu sehen, die Bezeichnung »Weiße Stadt« trifft eben auf fast ganz Tel Aviv zu. Beliebteste Ausgehmeile dieses Viertels ist die Dizengoff Street nördlich des Brunnens, Mittelpunkt der israelischen Cocktail-Manie. Eine Bar versucht die andere mit den wildesten Kreationen der Mixology zu übertrumpfen.

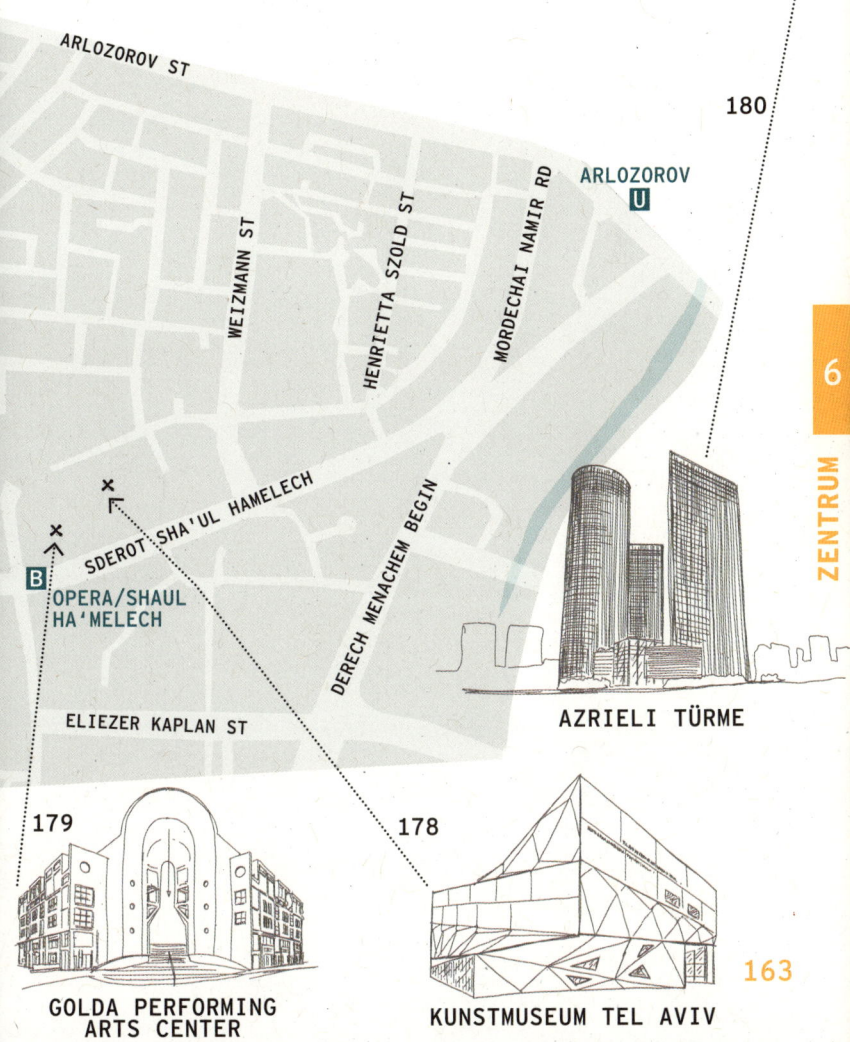

180

ARLOZOROV
U

ARLOZOROV ST

WEIZMANN ST

HENRIETTA SZOLD ST

MORDECHAI NAMIR RD

SDEROT SHA'UL HAMELECH

DERECH MENACHEM BEGIN

B
OPERA/SHAUL
HA'MELECH

ELIEZER KAPLAN ST

AZRIELI TÜRME

179
GOLDA PERFORMING
ARTS CENTER

178
KUNSTMUSEUM TEL AVIV

DAS BÖCKLEIN MAG NICHT IN MILCH GEKOCHT SEIN

SCHMAUSEN IM KETON, EINEM TRADITIONELLEN RESTAURANT FÜR JÜDISCHE KÜCHE

<--ZENTRUM

× + + + S T E C K B R I E F + + +
WO? RESTAURANT KETON, DIZENGOFF ST. 145 +++
BUS 5/61 DIZENGOFF/SHATZ +++ WANN? GEÖFFNET
SO-MI 12-21 UHR UND DO/FR 12-21.45 UHR +++
KETON.CO.IL +++ WIE VIEL? EIN ESSEN FÜR
ZWEI PERSONEN MIT VORSPEISEN KOSTET UNGEFÄHR
250-300 NIS (INKLUSIVE WEIN) +++ WICHTIG!
FREITAGMITTAG VOR DEM SCHABBAT IST ES MEIST
SEHR VOLL +++

SCHÖNHEIT LIEGT JA BEKANNTLICH im Auge des Betrachters. Auf meinem Teller liegt ein grau-beiger Batzen mit drei Möhrenscheiben obendrauf. In der klaren Suppe von Oron, meinem israelischen Lebenspartner, schwimmen drei runde Bälle. Sonst nichts. Wir sind im Restaurant Keton, um die ursprüngliche Küche aschkenasischer Juden kennenzulernen. Jene, die schon in Schtetls (jüdischen Kleinstädten) in Polen und Russland oder bei Juden in Deutschland auf den Tisch kam und die sich viele Juden in aller Welt heute noch zu den Feiertagen schmecken lassen. Im Keton wurde schon vor der Staatsgründung gekocht. Seit 1945. Der Batzen ist »gefilte Fish«, den man traditionell am jüdischen Neujahr und zu Pessach isst. Er ist aber kein »gefüllter Fisch«, wie das Jiddische nahelegt, sondern ein Klops aus gekochtem Fisch – und wird kalt gegessen. Ich schneide zaghaft eine Scheibe ab.

UND BIN ÜBERRASCHT. Der Geschmack ist sehr mild, gar nicht so fischig, und harmoniert richtig gut mit dem scharfen Gemisch aus Meerrettich und Roter Bete. Das ist mal eine ganz andere Art, Fisch zu essen. Oron vertilgt unterdessen die Suppe und stöhnt vor Vergnügen: »Kneidelach.« Die Suppe mit Teigbällen ist noch heute fester Bestandteil eines jüdischen Festtagsschmauses.

Im Keton gibt es viel Fleisch. Und keine Milch. Das ist einer der wichtigsten Grundsätze der koscheren Küche. »Koscher« ist aber kein Kochstil, sondern beschreibt Speisen, die den jüdischen Speisegesetzen entsprechen. Danach werden Milch und Fleisch niemals zusammen verzehrt, denn entsprechend der Erklärung in der Tora »mag das Böcklein nicht in der Milch seiner Mutter gekocht sein«. Es gelten noch viele andere Vorschriften, unter anderem darf man kein Schweinefleisch und keine Meeresfrüchte essen. Warum, weiß niemand so genau. Die Tora gibt es eben vor. Und deshalb halten sich strenggläubige Juden genauestens an die Regeln, andere vielleicht an einige und Säkulare oft an gar keine.

Das Hauptgericht kommt. Oron hat sich für Rinderzunge mit Tzimmes entschieden und wird plötzlich ganz still. Ich glaube, Tränen in seinen Augen zu sehen. »Das hat mein Saba, mein Großvater Moshe, immer gekocht.«

DER WAR LANGE JAHRE Bürgermeister der Stadt Tiberias und wahrlich kein Gourmet. Aber Tzimmes für seinen Enkel kochen konnte er. Ich probiere. Wow! Wüsste ich nicht, dass es ein uraltes jüdisches Traditionsrezept ist, könnte man glatt meinen, es wäre ein durchdesigntes Gericht der Fusionsküche. Doch modernen Feinschmecker-Firlefanz braucht man im Keton nicht zu erwarten. Stattdessen ehrliche jüdische Hausmannskost, die so manches unerwartete Geschmackserlebnis bereithält.

Wir verlassen das Restaurant mit einem wohlig-warmen Gefühl. Draußen vor der Tür lädt die lebhafte Dizengoff Street zum Verdauungsspaziergang ein, wie ihn schon die ersten Israel-Immigranten in den 1930er- und 40er-Jahren gemacht haben. Die Dizengoff ist die älteste Ausgehmeile der Stadt. Auch Orons Vorfahren sind hier auf und ab flaniert. Und wer keine jüdischen Großeltern hat, um mit gefilte Fish, Kneidelach oder Tzimmes verwöhnt zu werden, kommt einfach ins Keton. Das ist fast so schön wie von Saba oder Safta bekocht werden.

6

WENN MAN SCHON MAL HIER IST:

Das **Dizengoff-Center** □→ ist die erste Mall des Landes. Man muss sie von innen gesehen haben, auch wenn man nichts kaufen will. Statt Stockwerken gibt es in den zwei aneinanderliegenden Bauten psychedelische Ellipsen, die die Besucher rauf- und runterführen. Freitags findet im Gebäude B (unten) ein Essensmarkt statt, in Gebäude A zeigt das Kino Lev aktuelle Filme im Original. Eingänge King George St. und Dizengoff St., Läden geöffnet So–Do bis 20 Uhr, Fr bis 16 Uhr.

RUND SCHLIESST SICH DER KREIS

CITY-PICKNICK
UND PEOPLE-WATCHING
AUF DEM DIZENGOFF PLATZ

<--ZENTRUM

+ + + S T E C K B R I E F + + +
WO? DIZENGOFF PLATZ +++ BUS 5/39/61 DIZENGOFF/
REINES +++ WANN? ZU JEDER TAGES- UND NACHTZEIT
+++ WICHTIG! DECKE MITNEHMEN (ICH HABE BEI
MEINEN REISEN IMMER EIN GROSSES TUCH DABEI,
DAS MAN FÜR ALLES MÖGLICHE BENUTZEN KANN) +++
WIE VIEL? KOSTENLOS, BIS AUF DIE PICKNICK-
ZUTATEN (BAKERY: ZUCCHINIPUFFER 38 NIS, LABANE
15 NIS, WEIN AB 35 NIS/FLASCHE) +++

168 GÜNSTIG, FAMILIENFREUNDLICH

ALLE WEGE FÜHREN zum Dizengoff Platz. Im Zentrum ist das wirklich so. Sternförmig bildet er mit den Bauhaus-Gebäuden, die sich halbrund um ihn schmiegen, seit 80 Jahren das Herzstück des Viertels. Er ist eine Oase inmitten des städtischen Gewusels – mit Rasenflächen, auf denen man relaxt ein Picknick machen und Leuten zugucken kann. Genau das will ich tun, mit einem Schal, den ich gleich zur Decke umfunktioniere. Auf Höhe von Dizengoff Platz 6 werde ich vom Duft frischer Leckereien angezogen: Bakery hat alles, was man braucht für einen Schmaus unter freiem Himmel. Zucchini-Puffer, Labane-Joghurt, hausgemachte Grissini und israelischer Wein wandern in den Einkaufskorb. Besteck und Becher legt der nette Verkäufer mit in die Papiertüte. Ein paar Schritte über die Straße, Schal-Decke ausgebreitet, und schon mache ich es mir auf dem Grünstreifen bequem.

SO LÄSST ES SICH LEBEN, denke ich und atme tief durch. Zugegeben, die »frische« Luft müffelt etwas nach Autoabgasen, aber der Entspannung tut das wenig Abbruch. Inzwischen ist meine Freundin angekommen, zieht sofort ihre Schuhe aus und legt sich zu mir ins Gras. Während der Brunnen des Künstlers Yaacov Agam in der Mitte träge seine Runden dreht und vor sich hinplätschert, kommen immer mehr Städter zum nachbarschaftlichen Plausch. Zu unserer Linken macht eine Großmutter mit ihren Enkeln im Gras ein Päuschen, zu unserer Rechten eine Schönheit im knallengen Outfit Yogaübungen. Wir schauen gebannt, während wir uns die Köstlichkeiten des Picknicks schmecken lassen. Israelis finden übrigens gar nichts dabei, Leute als Zeitvertreib zu beobachten. »Betach«, sagen sie frech. »Na klar, wir haben doch Augen im Kopf.«

Bis vor einigen Jahren war der Dizengoff auf einem erhöhten eckigen Plateau angelegt, auf das man über Treppen steigen musste. Darunter floss der Straßenverkehr. Es war ein gescheitertes Projekt aus den späten 70er-Jahren. Obwohl von belebten Geschäftsstraßen umgeben, verkam der Platz zu einer traurigen Schmuddelecke mit bekritzelten Bänken, Müll und einem kaputten Brunnen als Mittelpunkt.

DER IST MITTLERWEILE REPARIERT, allerdings fehlt noch die Regenbogenbemalung, für die Künstler Agam (siehe S. 122) berühmt ist und die gerade wetterfest gemacht wird. Farbig oder nicht, die Städter haben den Platz nach der Renovierung sofort ins Herz geschlossen. Wie in alten Glanzzeiten ist er jetzt wieder ebenerdig. Aus dem eckigen Ungetüm wurde ein kreisrundes, einladendes Areal, umgeben von einem Radweg, von Läden, Cafés und Restaurants, auf dem sich gefühlt von morgens bis tief in die Nacht die ganze Stadt trifft. Die urbane Picknickbewegung ist übrigens ein Relikt aus Pandemiezeiten. Als die Lokale zwangsweise geschlossen waren, schnappte man sich eine Decke, ein paar Vorräte aus der eigenen Küche und traf sich »virusfrei« an der frischen Luft.

Nach zwei Stündchen essen, erzählen, gucken und beguckt werden, schütteln meine Freundin und ich zur Freude der Tauben die Krümel ins Gras und ziehen unsere Schuhe wieder an. Mal nicht selbst durch die Stadt zu ziehen, sondern sie um mich herum ziehen zu lassen, eröffnet eine neue Perspektive. Eine, die mir gefällt.

6

WENN MAN SCHON MAL HIER IST:

Die **Dizengoff** in Richtung Norden gilt als Cocktail-Meile. In mehr als einem Dutzend Bars kann man sich durch das Können der israelischen Mixologen (das sind die besonders hippen Barkeeper) probieren. Im **Spicehaus** □→ mit dem Ambiente einer alten Apotheke, Dizengoff St. 117, gibt es alles von den Klassikern bis zu wilden Kreationen wie der süß-sauren Woodstock Daisy. Mein Lieblingscocktail ist die Hibiscus Colada. Happy Hour von 18 bis 21 Uhr mit 1+1 Drink.

EINEN STEIN
AUF DEM ANDEREN
LASSEN

EIN DETEKTIVISCHER SPAZIERGANG
ÜBER DEN TRUMPELDOR FRIEDHOF

<--ZENTRUM

+ + + S T E C K B R I E F + + +
WO? FRIEDHOF TRUMPELDOR +++ TRUMPELDOR ST. 19
+++ BUS 63/66/90 TRUMPELDOR/PINSKER +++ WANN?
SOMMERZEIT: SO-DO 6.30-19 UHR, FR BIS 14 UHR;
IN DER WINTERZEIT WIRD SO-DO SCHON UM 17 UHR
ABGESCHLOSSEN +++ WIE LANGE? ETWA 1 STUNDE
+++ WICHTIG! UM BEIM DETEKTIVSPIEL MITZUMA-
CHEN, MUSS MAN GOOGLE LENS RUNTERLADEN (FÜR
DIE ÜBERSETZUNGEN). DIE AUFLÖSUNGEN ZU DEN
RÄTSELN STEHEN AM ENDE DES ABENTEUERS +++

BLUMEN GIBT ES HIER KEINE. Das jüdische Gedenken an die Toten ist ganz in Stein gemeißelt. Trauernde legen Kiesel auf die Grabplatten – als Symbol für die Ewigkeit. An diesem verhangenen Nachmittag bin ich allein auf dem Trumpeldor Friedhof. Und obwohl er sich mitten in der Stadt befindet, ist die Stimmung durch das Grau in Grau arg morbide. Keine roten Rosen, keine lila Alpenveilchen. Dafür aber viele interessante Grabsteine. Die meisten von Tel Avivs Gründern und frühen Politikern, darunter Schimon Rokach und der erste Bürgermeister Meir Dizengoff, wurden hier neben Künstlern und Schriftstellern beigesetzt, deren Namen ich fast alle von Straßenschildern kenne. Ich kann zwar Hebräisch lesen, doch viele Bedeutungen der poetischen Inschriften sind mir schleierhaft. Also lasse ich mir von der App Google Lens beim Übersetzen helfen.

ICH BIEGE AM HAUPTEINGANG RECHTS AB zu dem schwarzen Monolithen, der an die in der Schoa ermordeten Juden der polnischen Stadt Zdunska Wola erinnert. Über einen Holzpfad geht es weiter hinauf. Auf der linken Seite sieht man schlichte Gräber, alle mit nur einer kleinen weißen Platte, darauf die gleichen zwei Zeilen. Die obere steht für »hier ist begraben«, darunter ein Rätsel. »Galmud« in hebräischen Lettern. Was das bedeutet, sagt mir Google Lens.

Der Trumpeldor wird auch als »alter Friedhof« bezeichnet, weil seine Gründung auf das Jahr 1902 zurückgeht, lange bevor es den Staat Israel gab. Als damals in Jaffa die Cholera ausbrach, verboten die osmanischen Herrscher Bestattungen innerhalb der Stadtmauern und zwangen so die jüdischen Anführer, ein Stück Land außerhalb zu erstehen. In den schlichten Gräbern liegen also die Toten dieser Epidemie.

Bis 1932 war der Friedhof in Betrieb. Es gibt zwar einige neuere Gräber, doch heute ist es nur noch extrem gut betuchten oder bekannten Tel Avivern möglich, hier eine Stätte für die ewige Ruhe zu erstehen. Ich laufe durch die Reihen den kleinen Hang hinab, um mir die Inschriften der Berühmtheiten anzuschauen, die an der westlichen Wand bestattet sind.

EIN GROSSES DENKMAL, zu dem Treppen führen, ist nicht zu übersehen. Hier liegen Zina und Meir Dizengoff. Zwischen ihren Namen hängt eine Tafel zum Schicksal ihrer Tochter. Wer wissen möchte, was mit ihr geschah, bemüht die App. Ein Stück links davon steht ein hoher Stein aus rötlichem Marmor für den Essayisten Asher Ginsberg. Der gab sich selbst bei seiner Einwanderung einen interessanten Namen. Google Lens verrät, welchen. Allerdings ist die App nicht immer akkurat. Manchmal habe ich mich arg gewundert oder sogar kurz losgeprustet – und war heilfroh, tatsächlich ganz allein auf dem Friedhof zu sein.

Eins der neuesten Gräber ist das des Sängers Arik Einstein von 2013. Man sieht es rechter Hand auf dem Weg zurück zum Eingang. Unterhalb des braunen Findlings ist die Strophe eines seiner Lieder verewigt. Was er sang, schaue ich nach – und lege einen kleinen Stein neben die Buchstaben.

Auflösung: 1. Einsam. 2. Sie starb mit zwei Jahren und wurde in der Schweiz beigesetzt. 3. Einer aus dem Volk. 4. Flieg Vogel, durchziehe den Himmel, flieg, wohin du willst.

WENN MAN SCHON MAL HIER IST:

Nach einem ausgedehnten Spaziergang Kaffee und Kuchen? Das geht auch in Tel Aviv. Und dabei ganz und gar europäisch. In der österreichischen Bäckerei **Stefan** □→ gibt es Apfelstrudel, Sachertorte, jede Menge Eiscreme und samstags von 10 bis 14 Uhr sogar Kaiserschmarrn oder Germknödel. Zum Alle-Finger-Ablecken gut und in hübschem Ambiente auf der Tchernikhovski St. 21. Geöffnet So–Do 12–22 Uhr, Fr/Sa 10–22 Uhr.

WENN MAN SCHON MAL IM ZENTRUM IST

+++ SEHEN +++

+++ ESSEN +++

+++ AUSGEHEN +++

+++ SHOPPEN +++

+++ SCHLAFEN +++

6

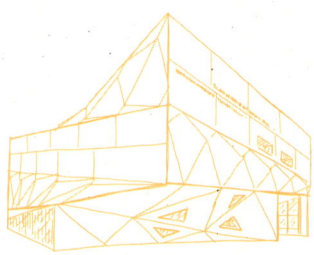

KUNSTMUSEUM TEL AVIV (MOA)

Als das Tel Aviv Museum of Art 1932 eröffnete, war es die einzige Einrichtung, die Bilder und Skulpturen zugänglich machte. Bis heute zeigt es moderne wie zeitgenössische israelische und internationale Kunst. Und mittlerweile hat sich viel getan. Das MOA ist längst führende Institution des Landes, die den Vergleich mit anderen Museen nicht scheuen muss. Doch das Haus wuchs auch physisch: 2012 öffnete der extravagante fünfstöckige Flügel, der für 55 Millionen Euro gebaut wurde und von vielen als riesiges Kunstwerk bezeichnet wird. Herausragende Sammlung von Impressionisten. Nettes Café mit großer Auswahl, Museumsshop mit viel »made in Israel«.

+++ SHAUL HAMELECH BLVD. 27 +++ BUS 14/70/82 OPERA +++ MO/MI/SA 10-18 UHR, DI/DO 10-21 UHR, FR 10-14 UHR +++ 50 NIS, KINDER BIS 18 JAHRE UMSONST +++ TAMUSEUM.ORG.IL +++

←□ GOLDA PERFORMING ARTS CENTER

Im Zentrum für darstellende Künste ist alles beisammen – praktisch für Kunst- und Kulturliebhaber! Es wurde 1994 eröffnet und beherbergt die israelische Oper und das Cameri-Theater. In der Mitte gibt es Restaurants und Cafés. Der Komplex grenzt an die Stadtbibliothek und das Kunstmuseum. Aufführungen finden fast täglich statt, darunter Tanz, Klassik, Oper und Jazz. Die Gebäude wurden von dem preisgekrönten Architekten Yaakov Rechter entworfen.

+++ SHAUL HAMELECH BLVD. 19 +++ BUS 14/70/82 OPERA +++ ISRAEL-OPERA.CO.IL +++

RABIN PLATZ

Hier war es, wo die Hoffnung auf Frieden jäh zerschlagen wurde. Am 4. November 1995 wurde der damalige Premierminister Yitzhak Rabin von einem jüdischen Extremisten erschossen, als er von der Aussöhnung mit den Palästinensern sprach (siehe S. 220 zum Rabin Center). Israel stand unter Schock. Viele junge Leute pilgerten hierher und drückten ihr Entsetzen in Graffiti aus. Eine der Wände ist heute noch erhalten. Am südlichen Ende des Platzes befindet sich eine Skulptur des Künstlers Igal Tumarkin, die an die Schoa erinnert. In dem großen Betonklotz ist die Stadtverwaltung Tel Aviv untergebracht.

+++ RABIN PLATZ +++ BUS 3/18/36 KIKAR RABIN +++ DAS DENKMAL BEFINDET SICH NEBEN DEM EINGANG ZUR VERWALTUNG +++ IMMER GEÖFFNET +++

6

AZRIELI TÜRME

Lange Jahre blieb der runde der drei Türme unvollendet. Man sagte, wenn auch er fertig ist, wird Frieden in Nahost herrschen. Nun steht er schon seit Jahren, der Konflikt existiert immer noch. Lohnenswert ist jedoch ein Besuch im 49. Stock des runden Turms und der Blick nach unten. Es ist mit 187 Metern das höchste Aussichtsplateau in Nahost. Eingang zum Fahrstuhl im 3. Stock des Einkaufszentrums.

+++ MENACHEM BEGIN ST. 132 +++ BUS 1/40/44 AZRIELI +++ SO-DO 9.30-22 UHR, FR 9.30-15 UHR +++ 22 NIS, ERM. 17 NIS +++

BEN GURION HAUS UND BOULEVARD

Ein guter Anfang, um sich mit der Landesgeschichte zu befassen: In dem schnörkellosen Haus auf dem hübschen Boulevard lebte der erste Premierminister, David Ben Gurion, der 1948 den Staat Israel ausrief. Innen sind die einstigen Wohnräume der Familie und eine große Bibliothek zu sehen, bestückt mit Büchern, die Ben Gurion gehörten. Audioguides, u. a. auf Englisch, mit Interessantem über Haus und herausragende Ereignisse der Geschichte.

+++ BEN GURION BLVD. 17 +++ BUS 166/710 BEN GURION/DIZENGOFF +++ SO UND DI-DO 9-16 UHR, MO 9-19 UHR, FR 9-13 UHR, SA 11-15 UHR +++ EINTRITT FREI +++ BG-HOUSE.ORG +++

PASTEL

Fine Dining der Extraklasse. Man sitzt wahnsinnig elegant unterhalb des Kunstmuseums. Pastel steht auf »La Liste«, auf der das französische Außenministerium die weltweit besten Lokale aufführt. Zu Recht. Die Gerichte sind kreativ, köstlich, aber auch kostspielig. Tipp: sich unbedingt einen der genialen Cocktails genehmigen.

+++ SHAUL HAMELECH ST. 27 +++ BUS 14/82 OPERA +++ TÄGLICH 12-15.30 UHR UND 18-23 UHR +++ PASTEL-TLV.COM +++

ZOZOBRA

Stylisches asiatisches Restaurant, in dem man an langen Tischen nebeneinandersitzt. Üppige, gut gewürzte Portionen.

+++ HAHASHMONAIM ST. 96 +++ BUS 63/238 TLV MALL +++ TÄGL. 12-22.30 UHR +++ ZOZOBRA.CO.IL +++

ANASTASIA

Eröffnet 2014 als Israels erstes veganes Lokal. Alles wird ohne tierische Zutaten, weißes Mehl und Zucker kredenzt. Prima zum Teilen ist das Frühstück »Open Table« mit hausgemachten Aufstrichen (59 NIS).

+++ FRISHMAN ST. 54 +++ BUS 5/61 DIZENGOFF/REINES +++ SO-DO 8.30-22 UHR, FR 9-16 UHR, SA 10-16 UHR +++ ANASTASIATLV.CO.IL +++

BRETONNE □→

Für den Hunger zwischendurch – oder einfach, weil sie unheimlich gut schmecken: die herzhaften und süßen Crêpes aus Buchweizen. Mein Favorit: Artichoke à la Romana (46 NIS). Plätze an der Hauptstraße, aber doch gemütlich.

+++ IBN GABIROL ST. 52 +++ BUS 26/74 IBN GVIROL/HASHOFTIM +++ TÄGL. 12-2 UHR +++ BRETONNE.CO.IL +++

6

MUSIK IM TEL AVIV MUSEUM

Für Kunst- und Musikliebhaber: Das Tel Aviv Museum veranstaltet mehrmals im Monat Konzerte im kleinen, aber feinen Saal. Jede Saison hat verschiedene Highlights, von klassischer Kammermusik über Jazz bis zu Shows mit avantgardistischem Touch.

+++ IM KUNSTMUSEUM MOA (SIEHE S. 178) +++ EINTRITT 80-170 NIS +++

CHATEAU SHUAL

Uneitle Weinbar für einen netten Abend am Rabin Platz. Große Auswahl an israelischen und internationalen Tropfen zu fairen Preisen.

+++ MALKEI ISRAEL ST. 19 +++ BUS 18/36 KIKAR RABIN +++ TÄGL. 18-23.30 UHR, FR 12.30-0 UHR +++ CHATEAUSHUAL.CO.IL +++

+++++++++++ **SHOPPEN** +++++++++++

DIZENGOFF STRASSE

Morgens frühstücken, mittags shoppen, abends Cocktails schlürfen. Dafür braucht man nur eine einzige Straße: die Dizengoff. Auf drei Kilometern gibt es vom Rothschild Boulevard bis zum Hafen von Tel Aviv wirklich für jeden etwas.

+++ DIZENGOFF ST. +++ BUS 5/72/75 DIZENGOFF +++

SHOOFRA OUTLET

Kette edler Schuhe von Top-Designern aus aller Welt für Frauen und Männer. Hier gibt es die Kollektionen vom letzten Jahr, Einzelpaare oder Auslaufmodelle, teilweise für weniger als die Hälfte. Lohnt!

+++ DIZENGOFF ST. 124 +++ BUS 5/61 DIZENGOFF/ REINES +++ SO-DO 10-21 UHR, FR 10-16.30 UHR +++

+++++++++++ SCHLAFEN +++++++++++++

HOTEL CINEMA

Der Klassiker in Tel Aviv. Außen Bauhaus, innen Cinema. Das wunderschön renovierte ehemalige Kino direkt am Dizengoff-Brunnen ist perfekt für alle, die die Gebäude im Internationalen Stil nicht nur von außen bewundern wollen. Es schmiegt sich zusammen mit seinen identischen Gebäudenachbarn an den runden Platz im Zentrum an. Möglichst ein Zimmer mit Blick buchen – dann wird es nie langweilig. DZ ab 589 NIS.

+++ ZAMENHOFF ST. 1 +++ BUS 5/39/61 DIZENGOFF/ REINES +++ ATLAS.CO.IL +++

DIZENGOFF GARDEN HOTEL

Hübsches Boutiquehotel direkt an der Dizengoff Straße. Die 18 Räume sind neu und hell designt. Es gibt Mini- und reguläre DZ – und ein Penthouse inklusive Balkon mit fantastischem Ausblick. Das Preis-Leistungs-Verhältnis stimmt bei dieser Lage und Ausstattung. DZ ab 550 NIS.

+++ DIZENGOFF ST. 138 +++ BUS 5/61 DIZENGOFF/ SHATZ +++ D-GARDEN.CO.IL +++

6

7

DER ALTE NORDEN UND PARK HAYARKON

+++ ERLEBEN +++

7

EINST WAR DIES DAS NÖRDLICHSTE VIERTEL, begrenzt vom Yarkon. Doch dann schuf die Stadt mit einem Gebäude nach dem anderen Fakten jenseits des Flusses. Der Name passt – im Vergleich zum Süden kommt der alte Norden wesentlich behäbiger daher, gutbürgerlich und gut betucht. Die Kinder besuchen das Musikkonservatorium, die Tel Aviver Schickeria trifft sich auf der Basel-Straße.

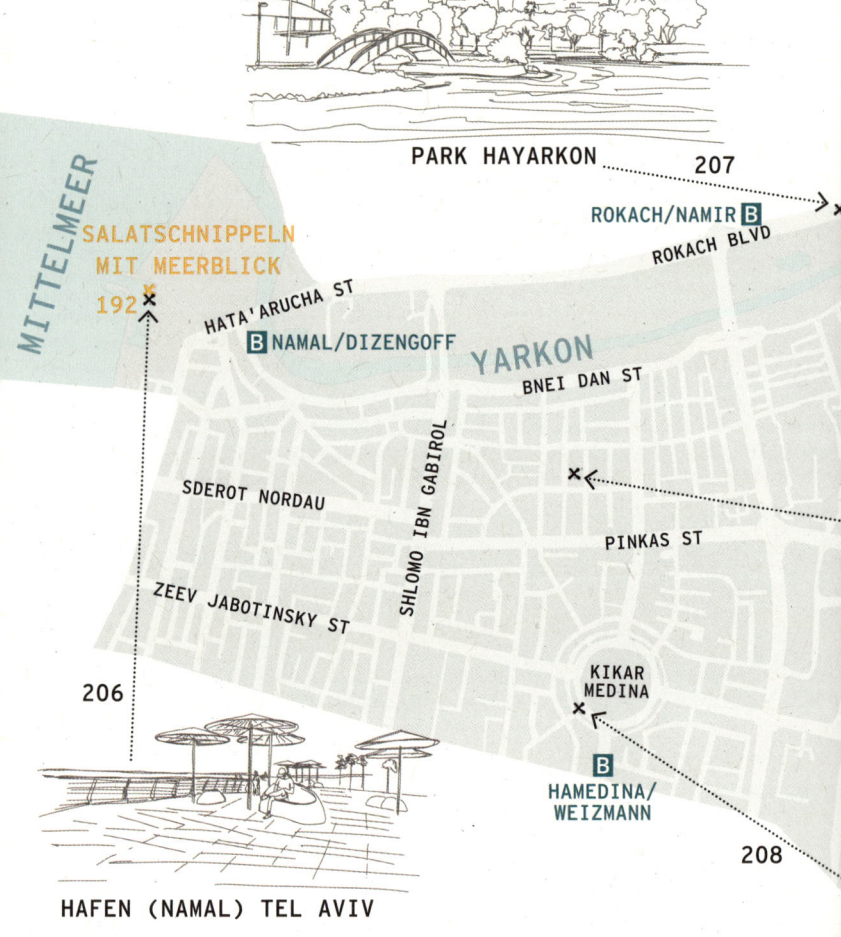

PARK HAYARKON ·········· 207

ROKACH/NAMIR B

ROKACH BLVD

MITTELMEER

SALATSCHNIPPELN MIT MEERBLICK

192 ✗

HATA'ARUCHA ST

B NAMAL/DIZENGOFF

BNEI DAN ST

YARKON

SDEROT NORDAU

SHLOMO IBN GABIROL

PINKAS ST

ZEEV JABOTINSKY ST

206

KIKAR MEDINA
✗

B
HAMEDINA/
WEIZMANN

208

HAFEN (NAMAL) TEL AVIV

VON DEN STÄDTERN GELIEBT, von Touristen oft ignoriert. Dabei ist der Park Hayarkon eine echte Erholungsoase mit Überraschungseffekten und vielen Freizeitmöglichkeiten auf 3,5 Quadratkilometern Fläche. Der Yarkon-Fluss, der ihn von West nach Ost einmal durchfließt, verleiht ihm den Charakter eines Ruhepols in der aufgedrehten Metropole.

ROKACH BLVD

207 ×

UNIVERSITY
AIN STATION/ B
ROKACH

200 × NUR SCHWINDELFREI
KOMMT OBEN AN

× 188

HEULEN MIT
SCHAKALEN
× DEM HIMMEL SO NAH
196 ×

OLYMPIA EXPERIENCE

AYALON HWY

ROKACH ST

STRICKER KONSERVATORIUM

208

DER ALTE NORDEN
UND PARK HAYARKON-->

TEL AVIV

KIKAR HAMEDINA

HEULEN
MIT SCHAKALEN

EINE BESONDERE BEGEGNUNG
IM BOTANISCHEN GARTEN

UNIVERSITY
TRAIN STATION/
ROKACH **B**

<--ALTER NORDEN
UND PARK HAYARKON

+ + + S T E C K B R I E F + + +

WO? TROPISCHER GARTEN IM PARK HAYARKON +++
BUS 2/3/44/47 ROKACH/UNIVERSITY, ZUG UNIVER-
SITY +++ WANN? SO-DO VON 9 BIS 16 UHR, FR BIS
13 UHR, SA 10 BIS 15.30 UHR +++ WIE LANGE?
CA. 2 STUNDEN +++ WIE VIEL? EINTRITT FREI +++
WICHTIG! RECHTZEITIG ZUM AUSGANG GEHEN, DIE
GÄRTEN WERDEN PÜNKTLICH ABGESCHLOSSEN! +++

188 KOSTENLOS, FAMILIENFREUNDLICH

EINS MEINER LIEBLINGSBÜCHER als Kind war *Der Geheime Garten* von Frances Hodgson Burnett über ein Mädchen, das einen zauberhaften, aber verwahrlosten Park findet. Damals wünschte ich mir oft, dass auch ich einen entdecke und ihn mit Hingabe zum Leben erwecke. Daran denke ich aber zunächst nicht, als ich den botanischen Garten im Park Hayarkon betrete. Ehrlich gesagt erwarte ich wenig. Auf einem Schild am Eingang steht »tropischer musikalischer Garten«. Ich gehe durch das Tor – und stehe plötzlich mitten im Dschungel. Die meterhohen Pflanzen bilden ein grünes Blätterdach, das jeden Lärm der Großstadt zu filtern scheint. Es herrscht eine pastorale Ruhe, nur die Vögel zwitschern munter. Ganz allein spaziere ich durch die völlig unerwartete Oase und bin entzückt von den ausladenden Farnen, den schattigen Palmen, dem saftigen Grün überall.

UND DANN, ja dann ist mir richtig zum Heulen zumute, so bezaubernd ist es. Je tiefer man hineinläuft, desto deutlicher wird die Schönheit dieses Parks inmitten des Parks. Der tropische Garten wurde in den 1970ern auf einer Fläche von rund zwei Hektar angelegt. In ihm wachsen Hunderte tropischer Pflanzenarten, darunter imposante Elefantenfußbäume, meterhoher Bambus, riesige Geweihfarne, Paradiesvogel-Blumen und andere Gewächse aus der Ferne. Sie brauchen ständige Feuchtigkeit und Schutz vor den Winterwinden. Dafür sorgen die hohen Bäume, die die darunterliegenden Gewächse abschirmen. Ich laufe über gepflegte Pfade und Holzstege, an einem Teich vorbei, und bin im dauerhaften Grünrausch. In der Mitte des Parks ist ein Mosaik in den Boden eingelassen, das die Sternkreiszeichen zeigt – wie für mich als Mosaik-Fan gemacht. Weiter den Weg entlang komme ich zu Xylofonen, mit denen man die Geräusche eines tropischen Regenwaldes nachspielen kann. Eine nette Idee, obwohl sich mein musikalisches Talent in Grenzen hält und ich lediglich ein Kling, Klang, Klong hervorbringe.

PLÖTZLICH HUSCHT ETWAS VORBEI, ich sehe nur einen Schatten. Dann noch einen, etwas langsamer. Es sind Goldschakale! Der Schakal gehört wie Wolf oder Haushund zur Gattung Canis, die zusammen mit Füchsen und ein paar anderen Arten die Familie der Hunde bilden. Ein paar Meter weiter legen sich die Vierbeiner ins Gras und zeigen nicht das geringste Interesse an mir. Rund 100 leben in mehreren Rudeln im Park Hayarkon. Die Tiere würden sich von Menschen fernhalten und seien ihnen nicht gefährlich, beteuern israelische Zoologen. Man solle sie aber auf keinen Fall füttern oder versuchen zu streicheln.

Das tue ich natürlich nicht, sondern ziehe weiter in den Kakteengarten. Mexiko-Flair mitten in Tel Aviv. Auch dieser Garten ist ein wenig beachtetes Juwel der Flora mit seinen fetten Schwiegermuttersitzen und anderen pieksigen Sorten aus aller Welt (So–Do 9–13.45 Uhr, Fr 9–12.45 Uhr, Sa 10–15.30 Uhr).

Zwar kann ich in diesem Park weder meine Schere ansetzen noch Setzlinge pflanzen, aber irgendwie habe ich hier trotzdem meinen (fast) geheimen Garten entdeckt.

7

WENN MAN SCHON MAL HIER IST:

Nur ein paar Gehminuten vom tropischen Garten entfernt liegt der **Steingarten** ▢→. Einige Formationen erinnern ein bisschen an Stonehenge im Miniformat. Besonders gefallen mir die Findlinge, die in ganz Israel gesammelt wurden. An ihnen wird anschaulich gezeigt, wie schön Steine sind, die Metalle enthalten. Einige fette Brocken leuchten in Knalltürkis, andere schimmern in Rot vom Eisengehalt. Erklärungen auch auf Englisch.

SALATSCHNIPPELN MIT MEERBLICK

EINKAUF AUF DEM FARMERMARKT FÜR EINEN TRADITIONELLEN »KAZUTZ«

<--ALTER NORDEN
UND PARK HAYARKON

Ⓑ NAMAL/DIZENGOFF

+ + + S T E C K B R I E F + + +
WO? FARMERMARKT AM NAMAL TEL AVIV, VOR DEM
INDOOR-MARKT +++ BUS 4/10/230 NAMAL/DIZENGOFF
+++ WANN? FREITAGS ZWISCHEN 8 UND 14 UHR +++
WIE VIEL? CA. 50 BIS 60 NIS, ES KOMMT AUF
DIE ZUTATEN AN +++ WICHTIG! WER IN SEINER
UNTERKUNFT SALZ, EINE ETWAS GRÖSSERE SALAT-
SCHÜSSEL, EIN SCHNEIDEBRETT, GABELN UND EIN
MESSER ZUM GEMÜSESCHNEIDEN HAT, BITTE MIT-
BRINGEN! +++

GÜNSTIG, FAMILIENFREUNDLICH

ICH MAG ES BUNT. Minimalismus ist nichts für mich. Auch beim Essen kann es nicht genug Farben auf meinem Teller geben. Mit diesem Bild im Kopf gehe ich am Freitagmorgen auf den einzigen Farmermarkt der Stadt. Der ist klein, aber wirklich ausgesprochen fein. Alles hier wird von den Produzenten, also den Bauern selbst, feilgeboten, vieles ist organisch.

Ich habe eine Mission: Ich will einen bunten Salat schnippeln. Und nicht irgendeinen. Es muss »Kazutz« sein, die israelische Variante. In der sind traditionell nur Tomaten, Gurken und Zwiebeln, manche fügen Petersilie hinzu. Doch eins ist ein Muss: Alles ist in winzig kleine Stückchen geschnitten, nur dann ist es ein echter »Salat Kazutz«. Übersetzt heißt das übrigens »gehackter Salat«. Hacken will ich auch. Allerdings soll meine Version knallbunt sein. Mal sehen, was ich so alles finde.

KOBI KOMMT JEDE WOCHE aus dem Süden angereist. Seine Farm in Zikim baut ausschließlich organisches Obst und Gemüse an. Ich sehe Minipaprika in Gelb und Orange, die müssen unbedingt in die Schüssel. Kobi schlägt lange rote Bohnen vor, die auch roh schmecken. Ich beiße rein. Meiner Meinung nach brauchen die aber wirklich einen Kochtopf. Am nächsten Stand wandern winzige Gurken und ein dunkelroter Granatapfel in meine Tasche. Auf der anderen Seite des Marktes bietet jemand acht verschiedene Sorten Cherrytomaten an: hellgelb, dunkelgelb, orange, orange-lila, dunkelgrün marmoriert und drei Rottöne. Ich brauche unbedingt von jeder Farbe ein paar.

Israels Landwirtschaft ist innovativ, und darauf ist das Land stolz. Das Volcani Institut, verantwortlich für 75 Prozent aller Entwicklungen in diesem Bereich, wurde 2017 mit dem UNESCO-Preis für Forschung in Biowissenschaften ausgezeichnet. Der Leiter Eli Feinman sagte einmal: »Obwohl Israel nicht mit vielen natürlichen Ressourcen gesegnet ist, gibt es die talentierten Wissenschaftler, die aus Herausforderungen Möglichkeiten – und aus Zitronen die sprichwörtliche Limonade – machen.« Also kaufe ich eine Zitrone.

EINE DER NEUESTEN INNOVATIONEN sind im Übrigen Micro-Greens, die klein geerntet werden und 40-mal so viele Nährstoffe enthalten sollen wie ausgewachsenes Gemüse. Ich kann dem roten Mangold (Indoor-Markt, 10 NIS) nicht widerstehen. Jetzt habe ich alles, gehe zu den Steinbänken am Meer und breite meine Einkäufe aus. Am Wassercooler wasche ich das Gemüse und schnipple los. Cherrytomaten müssen mindestens geviertelt und dann in Scheiben geschnitten werden. Nicht mogeln, dicke Stücke gelten nicht als »kazutz«. Je mehr Farben sich in meiner Schale sammeln, umso mehr freue ich mich auf das Mittagessen. Zum Abschluss mische ich Granatapfel-Kerne unter den Gemüsemix (für ein süßlich-herbes Aroma), salze, quetsche Zitronensaft darüber und garniere mit Mini-Mangold. Am jüdischen Ruhetag Schabbat, der von Freitagabend bis zum Sonnenuntergang am Samstag dauert, isst man das traditionelle Weißbrot Challah. Ich habe mir eins aus Vollkorn gekauft. Man muss es reißen, nicht schneiden. Nachdem ich gehackt und gerissen habe, lehne ich mich zurück, schaue aufs Meer und … Betei Avon – guten Appetit!

WENN MAN SCHON MAL HIER IST:

Bei Arcosteel Kitchen □→ im Indoor-Markt gibt es alles an Geschirr und Besteck, was man braucht, um einen Salat zu schnippeln (und noch viel mehr), wenn man nichts dabeihat. Eine stabile Frühstücksbox (ab 20 NIS) ist praktisch, weil man den Deckel als Schneidbrett benutzen kann. Das Gemüsemesser kostet 12 NIS. Achtung, scharf! Geöffnet Mo bis Do, Sa 9–18 Uhr, Fr bis 15 Uhr, So geschlossen. Einweggabeln darf man sich kostenlos bei Pasta Banamal mitnehmen.

DEM HIMMEL SO NAH

EIN FLUG ÜBER TEL AVIV
IM RIESENBALLON

UNIVERSITY
TRAIN STATION/
ROKACH B   <--ALTER NORDEN
                              UND PARK HAYARKON

+ + + S T E C K B R I E F + + +
WO? PARK HAYARKON NEBEN DEM SEE, PARKPLATZ
ROKACH ST. +++ BUS 2/3/44/470 ROKACH/UNIVER-
SITY, ZUG UNIVERSITY +++ WANN? MONTAG BIS
DONNERSTAG UND SAMSTAG 10-17 UHR, FR 9-15
UHR +++ TLV-BALLOON.CO.IL +++ WIE LANGE? CA.
15 MINUTEN +++ WIE VIEL? 80 NIS, KINDER BIS
2 JAHRE FREI +++ WICHTIG! AB EINER BESTIMMTEN
WINDSTÄRKE DARF DER BALLON NICHT ABHEBEN +++

ICH WAR SCHON MAL IM HEISSLUFTBALLON.
Vor ein paar Jahren bin ich im Norden Israels dem Sonnenaufgang entgegengeschwebt. Vor mir lag das Königreich Jordanien, unter mir waren Felder voller Melonen, ein paar Dörfchen und grasende Ziegen. Es war sehr romantisch und so, als ob man in einem Märchenbilderbuch herumfliegt, aber ehrlich gesagt auch ein bisschen langweilig. Wie oft kann man schon rufen: »Wow, eine Wassermelone, eine niedliche Ziege!« Außerdem war es wahnsinnig heiß neben der Flamme, weil ja ständig heiße Luft in den gleichnamigen Ballon fließen muss, sodass ich am Ende mit einem arg brummenden Schädel aus dem Korb kletterte.
Heiß ist es auch an dem Tag, an dem ich zum zweiten Mal in einen fliegenden Ballon steigen werde. Israel-Sommerwetter eben. Dafür ist es völlig windstill.

DAS MUSS ES AUCH, habe ich auf der Website des Veranstalters gelesen, sonst kann das Flugzeug nicht abheben. Ja, völlig korrekt. Denn der dicke Ballon ist als »Flugzeug« registriert und hat die offizielle Sicherheitszertifizierung der israelischen Flugbehörde. Das beruhigt mich schon etwas, als ich in der Schlange stehe und meinen Hals verrenke, um das gerade aufsteigende Luftschiff zu bestaunen. Vor mir stehen etwa ein Dutzend Leute, alles Touristen aus den USA. »Are you also excited to see the view?«, fragt mich eine entzückende ältere Dame. Ich freue mich sogar sehr auf den 360-Grad-Ausblick, versichere ich ihr. Deshalb bin ich hier.

Der Ballon ist mit 6.200 Kubikmetern Heliumgas gefüllt und hat eine Tragfähigkeit von sechs Tonnen oder 30 Leuten. Dieses Gas ist extrem sicher, umweltfreundlich und kann sich nicht entzünden. Ein speziell geschulter Begleiter ist außerdem bei jedem Flug dabei. »Flug« ist allerdings etwas übertrieben. Nennen wir es »Aufstieg«. Denn der Ballon, an einem megadicken Tau gesichert, steigt auf, verweilt und sinkt dann wieder langsam in die Tiefe.

UND DANN BIN ICH DRIN. Ich stehe in der Gondel und habe nur ein klein wenig Muffensausen, als mein dickbäuchiges Flugobjekt sanft in die Höhe gleitet. Um mich herum leise Begeisterungsschreie meiner amerikanischen Flugbegleiter.

Ich schaue. Und schaue. Und schaue. Es ist ein fantastischer Blick auf Tel Aviv, den ich so noch nie erlebt habe. Einmal rundherum. Im Osten sehe ich die Wolkenkratzer der Börse und von Ramat Gan, im Norden stehen die typischen Tel-Avivi-Häuschen, viele im Bauhaus-Stil. Im Süden liegt das arabische Fischerstädtchen Jaffa mit seinem antiken Hafen. Und natürlich im Westen der Strand und das weite Mittelmeer. Ich sehe den Rothschild Boulevard, auf dem ich so gern Kaffee trinke, den Markt, wo ich einkaufen gehe, und meine Lieblingsbar. Dann werden die Dinge langsam, aber sicher wieder größer. Wir sinken. Das war viel zu kurz, denke ich etwas enttäuscht. Ich wäre gern noch viel länger Gulliver in Lilliput gewesen und hätte meine Lieblingsstadt heimlich, still und leise von oben bestaunt.

7

WENN MAN SCHON MAL HIER IST:
Der Park Hayarkon ist riesig. Wer nicht so viel laufen mag, kann allerhand lustige Gefährte mieten, motorisiert oder durch Muskelkraft angetrieben (besonders nett mit Kindern). Verleihstationen gibt es mehrere, etwa **Trippy Bikes** □→ in der Nähe des tropischen Gartens. Wägelchen für zwei: 100 NIS/Std. Tägl. von 9 Uhr bis Sonnenuntergang, Fr bis 16 Uhr. Letzte Vermietung eine Stunde vor dem Schließen (trippy.org.il).

NUR SCHWINDELFREI KOMMT OBEN AN

WACKELIGE MUTPROBE IM KLETTERPARK

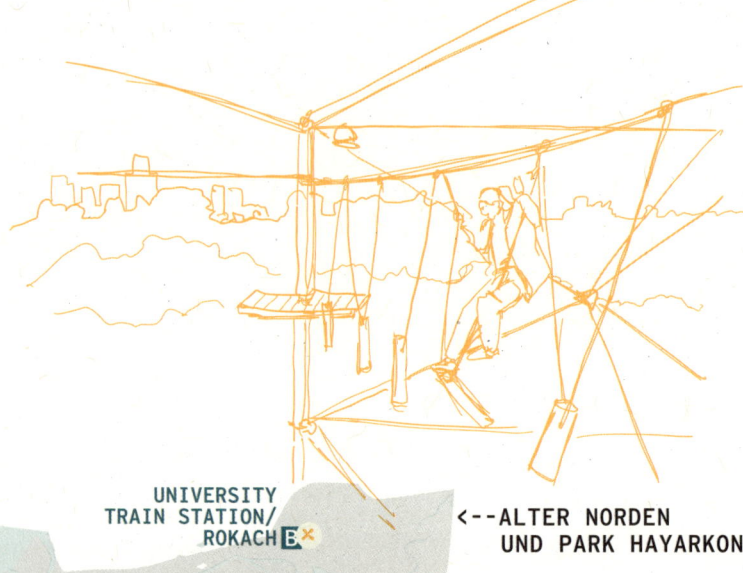

UNIVERSITY
TRAIN STATION/
ROKACH E ✕   <--ALTER NORDEN
                     UND PARK HAYARKON

+ + + S T E C K B R I E F + + +
WO? SKY TOWN, ROKACH BLVD. 98 +++ BUS
2/3/44/47 UNIVERSITY/ROKACH, ZUG UNIVERSITY
+++ SKYTOWN.CO.IL +++ WANN? DI/DO 15-21 UHR,
FR 10-19 UHR, SA 10-21 UHR (LETZTER EINTRITT
2 STD. VOR SCHLIESSUNG) +++ WIE LANGE? 90 MI-
NUTEN +++ WIE VIEL? 95 NIS, FAMILIENKARTE FÜR
4 PERSONEN 280 NIS +++ WICHTIG! FÜR KINDER AB
125 CM; KLETTERGARTEN FÜR KLEINERE KINDER AB
100 CM IM EINGANGSBEREICH +++ BEI REGEN IST
DIE ANLAGE GESCHLOSSEN +++

UNTEN BIN ICH MIR SICHER, dass ich das locker schaffe. Sieht gar nicht so hoch aus. Ich habe das Surfbrett im Visier. Wenn ich im Mittelmeer auf Wellen reite (siehe S. 112), dann kann ich das hier schon lange. Höhenangst habe ich noch nie gehabt. Ich stehe im Kletterpark Sky Town inmitten des Parks und will mir meine Standfestigkeit auch auf arg instabilem Terrain beweisen. Unten erhalten ich und fünf andere Kletterer eine erste Erklärung. »Immer die Sicherung beachten«, bekomme ich auf Englisch eingebläut. »Ohne die geht gar nichts.« Ob die Anlage auch wirklich sicher ist, fragt jemand. »Die ist in Deutschland hergestellt worden«, sagt die nette Einweisungsdame, als würde dieser Satz alles erklären. »Qualität und Sicherheit stehen an oberster Stelle.« Gut zu wissen, denke ich und kann mir ein Schmunzeln nicht verkneifen.

ICH STECKE MEINE BEINE durch den Safety-Gurt und gehe rüber zum Übungsseil. Einklinken, ausklinken. Das muss jeder mindestens dreimal üben. Über mir höre ich ein Jauchzen, aber auch einige Rufe, die sich arg nach »holt mich hier raus« anhören. Dann darf ich hoch. Auf der Ebene Nummer eins setze ich meinen Fuß auf ein Holz der ersten Strecke. Hoppla! Das schwankt wie ein kleiner Kahn auf hoher See. Ich wackle ziemlich unelegant auf die andere Seite. Zurück in die Mitte geht es über eine Art Brücke, auch die ist alles andere als stabil.

Der Park besteht aus vier Ebenen, die bis 24 Meter über dem Boden reichen. Er hat 120 Elemente in unterschiedlichen Schwierigkeitsgraden. Man kann in luftiger Höhe auf dem Fahrrad fahren, sich von einem Rettungsring zum nächsten hangeln, über dem Regenbogen schweben und an Tisch und Bänken ein Pantomimen-Picknick abhalten. Denn mitnehmen darf man nichts dort hinauf.

Die zweite Ebene kommt mir dann doch sehr hoch vor. Lieber nach vorn und nicht nach unten schauen, sage ich mir und klammere mich an die Hilfsseile, die über den Elementen verlaufen. Das hilft. Und der Ausblick über die Stadt ist phänomenal.

AUF EBENE DREI habe ich den Strandkorb im Blick, der auf der Hälfte einer Strecke steht. Nach extrem klapperigen Sekunden, die mir vorkommen wie eine Ewigkeit, bin ich angekommen. Puh! Erst jetzt fällt mir auf, dass ich auf den letzten Metern den Atem angehalten habe. Ich lasse mich fallen und entspanne. Meine Füße baumeln über dem Abgrund. Dass ich es geschafft habe, macht mich richtig stolz. Aber da wäre ja noch die letzte Ebene: 24 Meter hoch. Ich hatte mir selbst versprochen, es zumindest zu versuchen. Und dann stehe ich ganz oben. Der charmante Typ im schwarzen T-Shirt am Eingang zwinkert mir verschwörerisch zu. Weiß er etwas, das ich nicht weiß? »This is high«, presse ich hervor und lache nervös. »Yep.«

Ich warte einen Moment am Einlasstor zu den Elementen und schaue dann doch nach unten. Oh Schreck. Meine Knie werden verdächtig weich, meine Magengegend meldet sich, und das Surfbrett sieht auch nicht mehr so verlockend aus. Überhaupt, wer surft schon in der Luft? Ich passe, ich klinke mich aus. Ich will zurück ins Meer.

WENN MAN SCHON MAL HIER IST:
Praktisch um die Ecke von Sky Town liegt der künstliche See des Parks □→. Hier kann man Tretboote und Ruderboote leihen und entspannt übers Wasser gleiten. 30 Minuten 70 NIS, eine Stunde 90 NIS. Täglich 10–21 Uhr. In den Sommermonaten Juni bis August (10–16 Uhr) fährt auch der kleine blaue Zug mehrmals am Tag um den Park herum. Ein Spaß für Kinder und mit 5 NIS pro Ticket günstig.

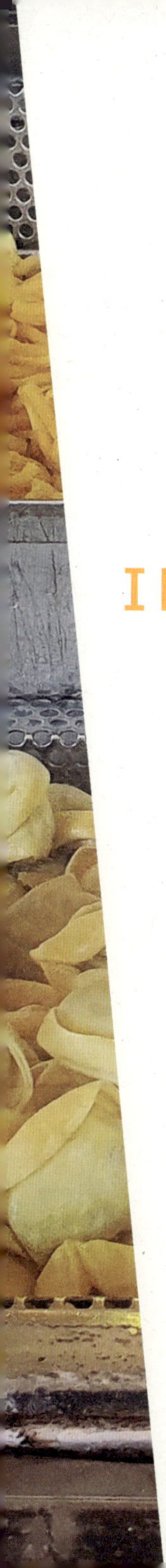

WENN MAN SCHON MAL IM ALTEN NORDEN UND PARK HAYARKON IST

+++ SEHEN +++

+++ ESSEN +++

+++ AUSGEHEN +++

+++ SHOPPEN +++

+++ SCHLAFEN +++

□↑ NAMAL

Der ursprüngliche Namal (Hebräisch für Hafen) wurde 1936 als Alternative zum alten in Jaffa gebaut. Bei Staatsgründung war er noch bedeutend, doch dann verfiel er schnell. Es sollte noch ein halbes Jahrhundert dauern, bis das Gelände eine Renaissance erlebte. Heute ist der Namal beliebter Treffpunkt der Städter und Ort für Kultur, Unterhaltung und Shopping. Einer der Gründe, warum das Konzept funktioniert, ist ein Holzdeck auf einer Fläche von 14.000 Quadratmetern, das wie Meereswellen geformt ist und einen außergewöhnlichen Boardwalk bildet. Hier drehen Jogger ihre Runden und düsen Kinder auf allen möglichen Gefährten herum. Die Läden und Lokale ziehen sich an der Hafenmole entlang. Mittendrin dreht das älteste Karussell Israels gemächlich seine Runden.

+++ HAFEN (NAMAL) TEL AVIV +++ BUS 4/10/230 NAMAL/DIZENGOFF +++

PARK HAYARKON

Wer würde meinen, dass der Stadtpark von Tel Aviv größer ist als der legendäre New Yorker Central Park? Ist aber so! Und mit seinen schier endlosen Rasenflächen, Picknickplätzen, Fahrradverleihen, dem botanischen Garten (siehe S. 188), dem Amphitheater, einem See zum Bootfahren, dem Vogelbeobachtungszentrum und anderen Attraktionen mindestens ebenso kurzweilig. Mittendrin steht die Kletterwand (iClimb TLV), mit 18 Metern Höhe eine der herausforderndsten ihrer Art weltweit. Sie ist für alle Niveaus von Anfänger bis Profi geeignet und hat einen Bereich für Kinder ab 4 Jahre. Am südlichen Ende des Parks gibt es den größten Wasserpark des Landes, Memadion. Genial für alle, die auf Riesenrutschen stehen.

+++ EINFAHRTEN UND PARKPLÄTZE AM ROKACH BLVD. +++ BUS 2/3/40/47 ROKACH/UNIVERSITY +++ PARK.CO.IL +++

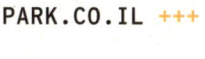

7

OLYMPIA EXPERIENCE

Für alle, die eine Stunde übrighaben und sportinteressiert sind, könnte dieses Museum etwas sein. Die Ausstellung ist in fünf Hallen aufgeteilt, die die olympischen Ringe darstellen: größte Momente, Geschichte, Israel-Olympia, Zukunft und Erfahrung. Viele Visuals! Auch für kleine Sportfreaks interessant. Parken kostenlos.

+++ SHALOM SHITRIT ST. 6 +++ BUS 2/44 TENNIS COURTS/BEHOR SHITRIT +++ SO-DO 10-17 UHR +++ 58 NIS +++ OLYMPICSEXPERIENCETLV.CO.IL +++

STRICKER KONSERVATORIUM

Wenn man Kinder und Jugendliche mit Geigenkästen oder Cellotaschen auf dem Rücken sieht, ist man richtig. Das Konservatorium für klassische Musik bildet den musikalischen Nachwuchs Israels aus, unter anderem durch das Perlman-Programm, gegründet vom weltberühmten Geiger Itzhak Perlman. Im Kammermusikzentrum gibt es regelmäßig Konzerte und Recitals für die breite Öffentlichkeit – mit führenden Musikern und Ensembles aus Israel und dem Ausland.

+++ **LOUIS MARSHALL ST. 25** +++
BUS 5/25 IRONI YUD ALEF +++
TICKETS AB 50 NIS +++
ICM.ORG.IL/EN +++

KIKAR HAMEDINA

Wo einst Elefanten durch den Sand trampelten, stöckeln heute wesentlich graziler Fashionistas auf Heels umher. Übersetzt heißt Kikar Hamedina »Platz des Staates«. In der Mitte befindet sich eine Rasenfläche, auf der früher der Wanderzirkus mit Tieren, Clowns und Akrobaten Halt machte und für Unterhaltung sorgte. Heute ist der Platz, der offiziell die Stadtmitte darstellt, ein überraschend ruhiges Fleckchen zum Ausruhen. Drumherum haben sich Luxusläden wie Prada, Burberry und Co. angesiedelt. In den letzten paar Jahren ist der Platz ins Visier von Immobilienhaien geraten. Man kann also davon ausgehen, dass die Rasenflächen bald Betonburgen weichen.

+++ **HE BEIYAR STREET** +++ **BUS 3/5/66 KIKAR HAMEDINA** +++

PORT MARKET □→

Der kleine Indoor-Markt orientiert sich an der Slow-Food-Agenda und bietet vor allem lokale und saisonale Produkte. Es gibt Obst- und Gemüseshops und Restaurantstände. Zum Reinbeißen gut sind die Fischbrötchen bei Sherry Herring. Pasta Banamal bietet handgemachte Nudeln.

+++ HANGAR 12 +++ BUS 4/10/230 NAMAL/DIZEN-GOFF +++ MO-DO UND SA 9-19 UHR, FR 7-15 UHR +++ SHUKHANAMAL.CO.IL +++

YULIA

Großzügiges Lokal am Mittelmeer mit fantastischem Blick. Die mediterrane Küche hat viel Fisch und Meeresfrüchte im Angebot. Bis 12 Uhr wird Frühstück serviert.

+++ SÜDL. ENDE NAMAL +++ BUS 4/10/230 NAMAL/DIZENGOFF +++ SO-DO 11-22 UHR, FR 11-16 UHR +++ YULIATLV.CO.IL +++

BUCKE CAFÉ

Sympathisches Nachbarschaftscafé. Die verschiedenen Frühstücke werden nicht auf Tellern, sondern direkt auf dem Tablett gereicht. Tipp: das israelische mit klein geschnippeltem Salat und Tehina probieren, »Buckes Country« für zwei (88 NIS) – so macht Teilen Spaß!

+++ YEHUDA MACCABI ST. 40 +++ BUS 5/25 YEHUDA MACCABI/WEIZMANN +++ SO-DO 7-22.30 UHR, FR 7-16 UHR +++ BUCKE-CAFE.COM +++

MAISON KAYSER

Die Sonnenstühle vor der Tür laden zu einer Pause ein – am besten bei Kaffee und einem der wahnsinnig köstlichen Gebäcke aus der französischen Traditionsbäckerei.

+++ HANGAR 22 +++ BUS 4/10/230 NAMAL/DIZEN-GOFF +++ SO-DO 7.30-19 UHR, FR 7.30-17, SA 7.30-21 UHR +++ KAYSER.CO.IL +++

7

BAR 223

Israels älteste Cocktailbar ist noch immer in. Perfekt fürs Date oder einfach einen romantischen Abend mit gut gemixten Klassikern. Täglich Happy Hour (18–20 Uhr), Getränke für die Hälfte. Dazu kleine feine Leckereien.

+++ DIZENGOFF ST. 223 +++ BUS 5/36 DIZENGOFF/ JABOTINSKY +++ TÄGL. 18-4 UHR, FR AB 19 UHR +++ 223.CO.IL +++

BAR JOSEPHINE BAKER

Echtes Speakeasy: die Location ist plüschig-sexy, die Cocktails sind abgefahren anders, etwa der Rainbow Tribe. Zu jedem Drink gibt's die Story dahinter.

+++ DIZENGOFF ST. 265 +++ ÜBER ROSA PARKS BAR +++ BUS 36/129 DIZENGOFF/NORDAU +++ SA-DO 19-3 UHR, FR 20-4 UHR +++

+ + + + + + + + + + + + SHOPPEN + + + + + + + + + + + + +

NAMAL

Internationale Marken-Megastores wie Nike, Adidas, Puma oder Factory 54 wechseln sich mit israelischen Klamotten-Ketten ab.

+++ ENTLANG DER HAFENMOLE +++ BUS 4/10/230 NAMAL/DIZENGOFF +++ VIELE LÄDEN HABEN 7 TAGE DIE WOCHE BIS 22 UHR GEÖFFNET +++

COMME IL FAUT

Eklektischer Mode-, Kunst- und Möbelladen des ikonischen israelischen Modehauses Comme Il Faut, das 1987 von Frauen für Frauen geschaffen wurde. Die Preise sind hoch, aber so manches Stück ist ein echtes Designschätzchen.

+++ HANGAR 26 +++ BUS 4/10/230 NAMAL/DIZEN-GOFF +++ SO-DO 10-20 UHR, FR 10-15 UHR, SA 12-20 UHR +++ COMME-IL-FAUT.COM +++

+++++++++++ SCHLAFEN +++++++++++++

PLAY SEAPORT TLV

Kaugummi-pinke Toiletten mit Diskokugel und ein Frühstücksraum wie aus *Interview mit einem Vampir*. Wer auf schrille Deko steht, ist hier richtig. Das ganze Hotel ist ein Sammelsurium aus Stilen. In die funky Bar im Untergeschoss kehren abends auch die Tel Avivis ein. DZ ab 447 NIS, Suite mit Balkon ab 690 NIS.

+++ SIDON ST. 1 +++ BUS 55/62 YARKON/ZION +++ ICHOTELS.CO.IL +++

THE SPOT HOSTEL

Typisches Hostel mit winzigen Zimmern und großen Gemeinschaftsräumen. Zwar etwas ab vom Schuss, doch dafür zwischen dem Hayarkon Park und dem Namal gelegen. Zum Strand sind es nur ein paar Minuten zu Fuß. Das Preis-Leistungs-Verhältnis stimmt hier: Das Mini-DZ gibt es ab 309 NIS, ein Bett im 12er-Dorm (mit Vorhang, Steckdosen und Lampe) ab 116 NIS.

+++ HATAARUCHA ST. 3 +++ BUS 4/10/230 NAMAL/DIZENGOFF +++ THESPOTHOSTEL.COM +++

8
RAMAT AVIV
UND AUSSERHALB

+++ ERLEBEN +++

8

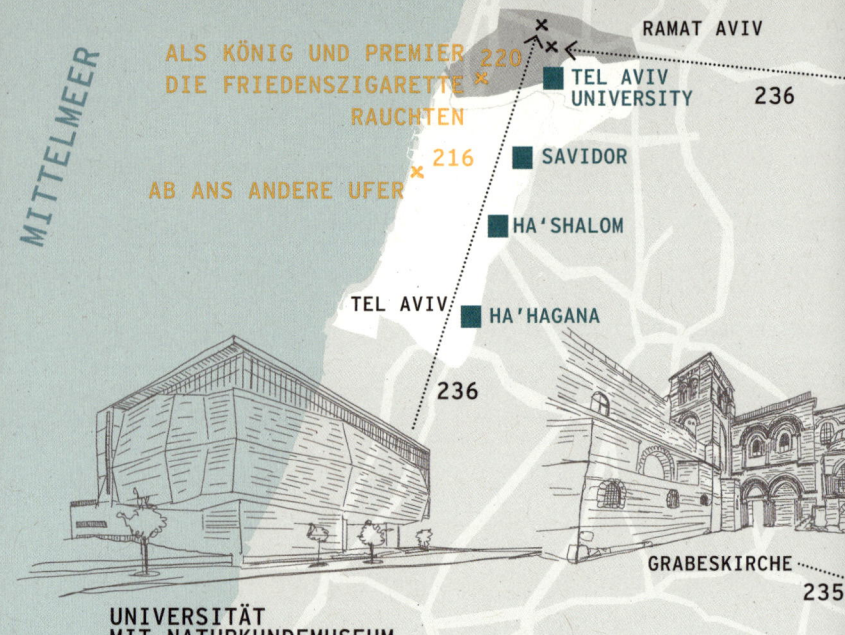

ALS KÖNIG UND PREMIER
DIE FRIEDENSZIGARETTE ✕ 220
RAUCHTEN

216 ✕
AB ANS ANDERE UFER

MITTELMEER

RAMAT AVIV

236

TEL AVIV
UNIVERSITY

SAVIDOR

HA'SHALOM

TEL AVIV.   HA'HAGANA

236

GRABESKIRCHE
235

UNIVERSITÄT
MIT NATURKUNDEMUSEUM

TEL AVIV IST EINE BLASE. Wer die verlässt, atmet am besten erst mal kräftig durch. Besonders wenn es in Richtung Jerusalem geht. Zwar ist der Schnellzug in weniger als einer halben Stunde da, gefühlsmäßig hat man sich allerdings ein paar Jahrhunderte rückwärts bewegt. In der Heiligen Stadt ist alles anders. Muss man unbedingt erleben.

ERHABEN ODER ABGEHOBEN? Die weitläufige Universität Tel Aviv liegt auf einem Hügel in Ramat Aviv und schaut herab auf die Stadt. Aber sie ist nicht nur Denkfabrik, sondern auch Vorbild in Sachen Koexistenz: Juden, Moslems, Christen, Drusen – alle sind hier willkommen. Direkt auf dem Campus und drumherum haben sich drei der besten Museen der Stadt angesiedelt.

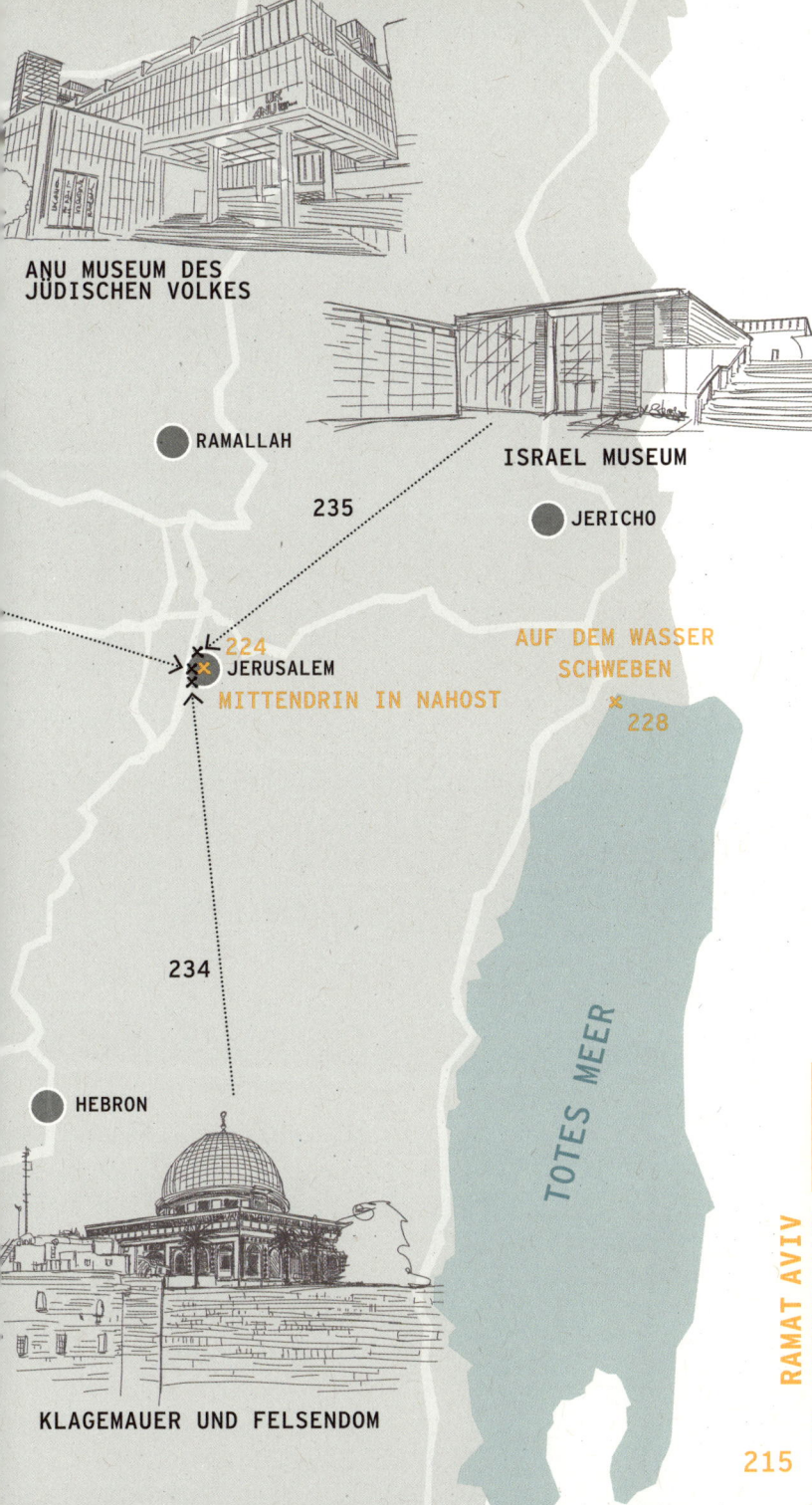

ANU MUSEUM DES
JÜDISCHEN VOLKES

ISRAEL MUSEUM

● RAMALLAH

235

● JERICHO

224
✗ JERUSALEM
MITTENDRIN IN NAHOST

AUF DEM WASSER
SCHWEBEN
✗ 228

234

● HEBRON

TOTES MEER

KLAGEMAUER UND FELSENDOM

AB
ANS ANDERE UFER

EINE RADTOUR
ZU RUHIGEN STRÄNDEN
JENSEITS DES FLUSSES

WO? ABFAHRT AN DER FAHRRADVERMIETUNG FRISH-
MAN-STRAND (GEGENÜBER DEM DAN HOTEL, HAYARKON
ST. 99) +++ BUS 10/55 GORDON BEACH +++ WANN?
AM SCHÖNSTEN FINDE ICH ES MORGENS, MAN KANN
DIE TOUR ABER ZU JEDER TAGESZEIT MACHEN +++
WIE LANGE? 2 BIS 3 STUNDEN +++ WIE VIEL? KOS-
TENLOS +++ WICHTIG! DECKE, VERPFLEGUNG UND
EIN BUCH MITNEHMEN +++

ICH MAG DIE AUFGEDREHTHEIT von Tel Aviv. Zumindest meist. Manchmal muss ich aber raus aus der Stadt. Dann will ich mich nicht erst ins Auto setzen und in den Stau einreihen. Ergo: Ich brauche einen Drahtesel. Den leihe ich mir an der Station gegenüber dem bunten Dan Hotel an der Strandpromenade (Details siehe S. 100). Und los geht es in Richtung Norden, ans andere Ufer, wo die Stadt viel ruhiger tickt. Dafür muss ich den Yarkon überqueren. Der bildete einst die nördliche Grenze Tel Avivs; mit der urbanen Ausbreitung überschritten die Städteplaner jedoch bald den israelischen Rubikon und bauten auch jenseits des Flusses. Ich trete in die Pedale und schlängle mich auf dem Radweg (!) durch Jogger, Skateboardfahrer, Kinderwagen schiebende Jungeltern, Surfer mit Brettern unterm Arm …

LINKER HAND LIEGT DAS MEER, am Strand um mich herum tobt das Leben, von dem ich eine Pause brauche. Fest die Entspannung im Blick radle ich weiter, vorbei am Salzwasserschwimmbad Gordon, und lasse auch die Marina hinter mir. Die Umgebung leert sich zusehends. Dann bin ich am Namal. Anders als an Samstagen liegt der Hafen unter der Woche besonders in den Morgenstunden recht verlassen da. Übermütig düse ich die wellenförmigen Hügel des riesigen Holzdecks rauf und runter.

Mein Magen knurrt. Gut, dass gleich um die Ecke der Indoor-Markt des Namal ist. Ich kaufe mir bei Sherry Herring ein riesiges Sandwich mit Matjes, nebenan eine Schale Auberginenmus und Cracker, packe alles in meinen Fahrradkorb und steige wieder auf. Am Ende des Hafengeländes biege ich scharf rechts ab. Die Brücke vor mir markiert das Ende von Tel Aviv. Na ja, zumindest das gefühlte. Zwar gehört das Viertel dahinter, Ramat Aviv, offiziell zur Stadt, aber eingefleischte Tel Aviver sehen es als Vorort. Ich rattere auf der Holzbrücke über die Stelle, wo der Yarkon ins Mittelmeer mündet, vor mir das Stromwerk Reading mit seinem ikonischen Kühlturm, der abends bunt beleuchtet ist. Nach Protesten von Naturschützern wurde die Anlage 2005 von Kohle auf Erdgas umgestellt, das über Pipelines hierhergelangt. Reading liefert heute nur noch knapp fünf Prozent des Stroms.

GESCHAFFT, ICH BIN DRÜBEN! Und sofort scheint mir alles gemächlicher als auf der anderen Seite. Hinter dem kleinen schwarz-weißen Leuchtturm wirbt eine Bar für Aperol Spritz. Das klingt verlockend, ich steige ab. Ein paar Leute sitzen an der Mauer, gegen die das Meer schäumt. Ich schnappe mir einen freien Barhocker und schaue aus der Ferne auf Tel Aviv. Manchmal muss man seine Perspektive ändern, um einen klaren Blick zu bekommen. Der wird allerdings bald von dem knallorangen Getränk etwas weichgezeichnet.

Ich fahre weiter, mit einem wohligen Gefühl und mehr Schwung als zuvor. Noch eine Brücke, links halten, und schon bin ich am Ziel. Zwar ist das Mittelmeer dasselbe, aber trotzdem ist es hier anders. Ein älteres Paar liegt im Sand und schaut versonnen zum Horizont. Ansonsten bin ich allein. Und es ist still. Was für eine Wohltat! Einfach nur entspannen. Buch lesen. Genießen.

Nach zwei Stunden habe ich genug von der Einsamkeit und sattle meinen Drahtesel, um zurückzufahren. Ich bin ausgeruht und wieder bereit für die Abenteuer der großen, lauten Stadt.

WENN MAN SCHON MAL HIER IST:

An der Grenze zwischen Tel Aviv und Ramat Aviv liegt das **Eretz Israel Museum** ▢→ (eretzmuseum.org.il), drittgrößtes des Landes. Hier dreht sich alles um die lokale Kultur der Vergangenheit und Gegenwart in den Bereichen Archäologie, Ethnografie, Handwerk, Kunst und Fotografie. Im Garten ist die archäologische Ausgrabungsstätte Tel Qasile zu besichtigen. So/ Mo/Mi 10–16 Uhr, Di/Do 10–20 Uhr, Sa 10–18 Uhr, Fr 10–14 Uhr, 52 NIS, erm. 35 NIS. Bus 24/49 Eretz Israel Museum.

8

ALS KÖNIG UND PREMIER DIE FRIEDENSZIGARETTE RAUCHTEN

EIN BESUCH IM YITZHAK RABIN CENTER MIT GÄNSEHAUTGARANTIE

+ + + S T E C K B R I E F + + +
WO? CHAIM LEVANON ST. 8 +++ BUS 47/48 RA-
BIN CENTER/ROKACH +++ PARKEN KOSTENLOS
(BEI VERFÜGBARKEIT) +++ WANN? SO/MO UND MI/
DO 9-17 UHR, DI 9-19 UHR, FR 9-14 UHR +++
RABINCENTER.ORG.IL +++ WIE LANGE? ETWA
2 STUNDEN +++ WIE VIEL? 50 NIS, KINDER BIS
18 JAHRE ZAHLEN 25 NIS (AUDIOGUIDE INKLUSIVE,
MEHRERE SPRACHEN, DARUNTER ENGLISCH) +++

DER ANFANG IST DAS ENDE. Ich stehe am Beginn der Ausstellung und muss mit den Tränen kämpfen. Ich weiß noch genau, wo ich an diesem schrecklichen 4. November 1995 war. Ich saß auf dem Sofa in meiner WG in Deutschland und guckte *Wetten, dass..?* Plötzlich ein Laufband am unteren Bildschirmrand: »Attentat auf den israelischen Premier Yitzhak Rabin«. Kurz darauf die Nachricht, dass er gestorben ist. Wie viele Male ich danach das Lied hörte, das Rabin zusammen mit Shimon Peres auf der Friedensdemo sang, weiß ich nicht mehr. *Shir La Shalom*, Lied des Friedens. Natürlich klingt es auch hier durch den Raum. Das Rabin Center ist die offizielle Gedenkstätte für den fünften Ministerpräsidenten, die Ausstellung widmet sich seinem Leben und erzählt dabei die Geschichte Israels, des Nahostkonfliktes und ein bisschen auch der ganzen Welt.

RABIN, DER LEGENDÄRE POLITIKER, war mit Leib und Seele Soldat, ein Falke, wie man die Kämpfer in Israel nennt. Dann wandelte er sich zur sprichwörtlichen Taube und kämpfte nur noch für eins: den Frieden. Dafür bezahlte er mit seinem Leben. Das Center besteht eigentlich aus zwei Museen und ist wie eine doppelte Spirale aufgebaut. Der äußere Kreis nimmt uns mit in das unglaublich erfüllte Leben des israelischen Staatsmannes, der viel zu früh starb. Im Innern geht es um das, was sich zur selben Zeit im Staat Israel abspielte. Das Geschehen wird in mehr als 600 Filmen vorgestellt. Die Kopfhörer sind mit Sensortechnik ausgestattet, man hört das zugehörige Audio automatisch.

Wer sich für den Nahen Osten interessiert und fragt, wieso der Konflikt zwischen Israelis und Palästinensern noch immer existiert, bekommt hier Antworten. Auch der Zwiespalt innerhalb der israelischen Gesellschaft – der letztendlich zur Ermordung Rabins durch einen jüdischen Extremisten führte – wird erklärt. Eine Zeitleiste auf dem Boden zeigt, was sich parallel in der Welt abspielte. Immer wieder bleibe ich stehen und erkenne, oft zum ersten Mal, den Zusammenhang.

MIT RABIN STARB DER FRIEDEN. Zwischen Israelis und Palästinensern ist er bis heute nicht erreicht. Zwischen Israel und Jordanien schon. In einem der letzten Videos der Ausstellung erzählt Rabin, wie er und König Hussein von Jordanien bei der Zeremonie »gelitten haben«. Denn die beiden Kettenraucher wagten es nicht, im Weißen Haus eine Zigarette anzuzünden. »Vor allem wegen Hillary.« (Gemeint ist natürlich Hillary Clinton, deren Ehemann Bill Clinton den Friedensschluss vermittelte.) Dann aber, als alles besiegelt war, lud der Monarch den israelischen Politiker in seine Residenz ein und sagte: »So, jetzt können wir rauchen.« Das Foto der beiden Männer, die ihre Länder versöhnten, Freunde wurden und gemeinsam eine Friedenszigarette anzündeten, ging um die Welt. Es hängt hier. Beim Anschauen bekomme ich eine Gänsehaut und muss daran denken, wie schön es wäre, wenn Rabins Lebensmotto auch für Israelis und Palästinenser Realität würde: »Ja zum Frieden. Nein zur Gewalt.« Yitzhak Rabin ist tot. Die Hoffnung auf den Frieden ist es nicht!

WENN MAN SCHON MAL HIER IST:
Das **Rabin Center** □→ befindet sich auf einer Anhöhe in Ramat Aviv. Von der Terrasse aus hat man einen fantastischen Blick auf die Skyline der Stadt (links ist Ramat Gan, rechts Tel Aviv). Schönes Fotomotiv! Auf dem Hügel liegt auch die Tel Aviv Universität mit ihrem großflächigen grünen Campus, der optimal für einen ausgedehnten Spaziergang ist. Mit mehr als 30.000 Studierenden ist sie die größte Hochschule des Landes. Gegründet wurde sie 1956.

8

MITTENDRIN
IN NAHOST

EINE ZUGFAHRT
IN DIE ALTSTADT VON JERUSALEM

+ + + S T E C K B R I E F + + +

WO? ABFAHRT AN EINEM DER BAHNHÖFE IN TEL AVIV BIS ZUM YITZHAK NAVON BAHNHOF +++ **WIE VIEL?** DIE ZUGFAHRT VON TEL AVIV NACH JERUSALEM KOSTET MIT EINER TAGESKARTE 24 NIS (KINDER BIS 5 JAHRE FAHREN UMSONST) +++ **WIE LANGE?** AM BESTEN EINEN GANZEN TAG EINPLANEN +++ **WICHTIG!** DIE ALTSTADT MÖGLICHST BEI EINBRUCH DER DUNKELHEIT VERLASSEN, SONST BESTEHT VERIRRUNGSGEFAHR +++ AN DER KLAGEMAUER MÜSSEN FRAUEN KNIE UND SCHULTERN BEDECKEN, MÄNNER DEN KOPF. AM EINGANG KANN MAN KOSTENLOS TÜCHER UND KIPPOT (DIE JÜDISCHEN KÄPPCHEN) LEIHEN +++

GÜNSTIG, FAMILIENFREUNDLICH

JERUSALEM KANN MAN NICHT ERZÄHLEN. Man muss es sehen, riechen, schmecken … Also fahre ich hin. Das dauert im elektrischen Schnellzug ab Tel Aviv eine halbe Stunde, die Zeit vergeht wie im Flug. Die Strecke führt über riesige Brücken und durch lange Tunnel bis auf 800 Meter über dem Meeresspiegel. Vom Bahnhof laufe ich die 15 Minuten zum Jaffa-Tor am Eingang der Altstadt zu Fuß. Mit jedem Schritt verstärkt sich mein Gefühl, dass ich nicht nur Minuten unterwegs war, sondern Jahrhunderte – und zwar rückwärts. Die gesamte Stadt ist aus gelbem Sandstein erbaut, was sie noch geschichtsträchtiger erscheinen lässt. Das Geräusch in meinem Magen reißt mich aus meinen Betrachtungen. Im Machane Yehuda Markt, der auf dem Weg liegt, hole ich mir eine Pitatasche voller Falafels, spaziere weiter und nehme die Eindrücke dieser nahöstlichsten aller israelischen Städte in mich auf.

ANDERS ALS IN TEL AVIV ist die Präsenz der Religionen spürbar: ultraorthodoxe Juden, verschleierte Frauen, christliche Priester – sie alle wuseln durcheinander. Ach, wäre das Verhältnis der Bewohner in Nahost doch wirklich so wie dieser Schein!

Kurz hinter dem Jaffa-Tor beginnt der Basar. Alles so schön bunt hier: Teppiche, Bauchtanzkostüme, Rosenkränze ... Ich bin im Rausch der Farben. Das merken auch die Händler, die mich unaufhörlich auffordern, noch mehr wundersame Dinge zu bestaunen. »Only looking!« Mitten auf dem Markt geht links die Via Dolorosa ab, der ich bis zur Grabeskirche Jesu folge. Außen unscheinbar, innen ein geheimnisvolles Wirrwarr aus Kapellen, Gängen, im Zentrum das riesige Grab. Christen aus aller Welt schlängeln sich darum und warten, bis sie durch das Allerheiligste schreiten dürfen. Ganz schön unheilig dagegen muten die Streitereien zwischen Vertretern der christlichen Strömungen an, die das Gotteshaus verwalten. Einmal löste ein Putzeimer eine wilde Schlägerei aus, bei der die Polizei kommen musste. Ich weiß nicht, ob es all die Frömmigkeit ist oder die weihrauchgeschwängerte Luft, aber mein Kopf brummt, und ich muss dringend an die frische Luft.

ICH GEHE ZURÜCK ZUM BASAR und laufe bis ins Jüdische Viertel. Hier, an der Klagemauer, dem heiligsten Ort des Judentums, beten die Gläubigen inbrünstig. Allerdings strikt nach Geschlechtern getrennt. In den Ritzen der 2.000 Jahre alten Steine stecken Wunschzettel von Menschen aus aller Welt. Was die wohl herbeisehnen?, frage ich mich. Vielleicht Frieden an diesem heiß umkämpften Ort? Oder doch nur den schnöden Mammon? Direkt über der Mauer prangt die drittheiligste Stätte für Muslime: die Al-Aksa-Moschee mit Felsendom. Dessen goldene Kuppel, das Wahrzeichen der Stadt, blitzt so hell in den Sonnenstrahlen, dass ich die Augen zusammenkneifen muss. Steht man direkt davor, wird einem plötzlich klar, wie nah diese Orte beieinanderliegen. Die nötige Distanz, den besten Ausblick und das optimale Fotomotiv gibt es auf dem Dach des Österreichischen Hospizes, Via Dolorosa 37 (Eintritt 5 NIS in Münzen pro Person).

Um nach dem Übermaß an Heiligkeit meinen Blick auf die Realität zu schärfen, kehre ich im Erdgeschoss ins Caféhaus im Wiener Stil ein. Dort genehmige ich mir eine Portion Käsespätzle und ein fettes Stück Apfelstrudel – mitten im moslemischen Viertel. Kurz darauf sitze ich wieder im Zug nach Tel Aviv. Auf dem Weg in die Stadt, in der man höchstens dem Hedonismus huldigt.

WENN MAN SCHON MAL HIER IST:

Im christlichen Viertel Jerusalems am Neuen Tor gibt es nette Cafés. The Gateway □→ (Nr. 9) verkauft auch Lesestoff zur palästinensischen Geschichte, Politik und Küche und Bücher zum Arabischlernen. Mo–Sa 9–22 Uhr.

AUF DEM WASSER SCHWEBEN

AUSFLUG ZUM MAGISCHSTEN ORT DES LANDES – DEM TOTEN MEER

+ + + S T E C K B R I E F + + +
WO? KALIA-STRAND (ODER JEDER ANDERE STRAND) AM TOTEN MEER +++ ORGANISIERTE TOUR ODER MIETWAGEN +++ WIE VIEL? DIE EINTÄGIGE TOUR VON ABRAHAM KOSTET ETWA 280 NIS (INKL. AR-CHÄOLOGISCHER STÄTTE MASADA UND DER OASE »EIN GEDI«) +++ ABRAHAMTOURS.COM +++ WICHTIG! WER DIE REISE PRIVAT MIT DEM MIETWAGEN UNTER-NIMMT, SOLLTE DARAN DENKEN, FÜR DIE FAHRT IN DIE WÜSTE AUSREICHEND WASSER UND ESSEN MITZU-NEHMEN; RASTSTÄTTEN GIBT ES ZWAR AUF DEM WEG, ABER NICHT ÜBERALL +++ BADESCHUHE SIND RATSAM (KEINE FLIP-FLOPS, DIE SCHWIMMEN WEG) +++

WEITER RUNTER GEHT ES NICHT. Hier, am tiefsten Punkt der Erde, der nicht von Ozeanen bedeckt ist, liegt der unwirklichste Ort in ganz Israel. Vielleicht sogar der ganzen Welt. Einer, an dem Stille hörbar ist, Schlamm heilsam – und an dem man auf dem Wasser schwebt. Wir sind 430 Meter unter dem Meeresspiegel – am Kalia-Strand des Toten Meeres. Das ist eigentlich gar kein Meer, sondern ein See. Egal, ich will einfach nur rein. Vorsichtig taste ich mich über den unebenen Boden ins Wasser. Dann tue ich es den anderen Badenden gleich, lehne mich zurück, und plötzlich … Ich schwebe wirklich auf der Wasseroberfläche! Was für ein irres Gefühl! Fast wie Magie. Das ist es natürlich nicht, man schwimmt einzig durch den extrem hohen Salzgehalt von 34 Prozent oben. Das ist fast zehnmal so viel wie im Mittelmeer.

LANGSAM UND GENÜSSLICH TREIBE ICH über das ölige lauwarme Wasser. Mein Liebster schwebt neben mir und nimmt meine Hand. Worte braucht es nicht, die wären irgendwie fehl am Platz. Einige knipsen das obligatorische Selfie vom Zeitunglesen beim Schwimmen. Doch das Naturwunder ist mehr als nur Urlaubskulisse; seine Aura inmitten der Judäischen Wüste muss man erleben, wenn man in Israel ist. Denn wer weiß, wie lange es noch existiert. Jährlich sinkt der Wasserspiegel um 1,5 Meter. Das Tote Meer verdunstet, weil der Jordan, der aus dem Norden kommt und Süßwasser mitbringen sollte, fast komplett von den Anrainern Jordanien, Israel und den Palästinensergebieten für die Landwirtschaft leergesogen wird. Natürlich debattiert man seit Jahren über Rettungspläne. Umgesetzt wurde bislang keiner.

Als ich mich abtrockne, sehe ich kleine glitzernde Linien an meinem Körper. Salz. Also doch duschen. Eine Wohltat, sich mit Süßwasser abzubrausen, denn das Nass beißt in jeder noch so winzigen Wunde und den Augen. Von meiner Liege aus sehe ich mich am Strand um. Schlammverschmierte Menschen wühlen in Erdlöchern und holen Matsch hervor, den sie sich auf Backen und Bäuche klatschen.

DIE HEILKRÄFTE von Luft, Schlamm und Wasser sind übrigens weltweit anerkannt zur Therapie von Haut- und Gelenkkrankheiten. Schon die ägyptische Schönheit Kleopatra ließ sich angeblich hier verwöhnen. Wenn das so ist, denke ich, greife in ein Loch … und schmiere mir die dunkelbraune Pampe auf Gesicht, Dekolleté und Oberarme. Sie riecht sogar ganz gut und kommt angenehm warm aus der von der Sonne erhitzten Erde. Nachdem der Schlamm getrocknet ist, zerrt er allerdings arg an meinen Gesichtszügen. Mein Lächeln sieht jetzt fast so aus wie das vom Joker. Aber wenn's schön macht … Einen ganzen Laden voller Produkte mit den Mineralien aus dem wunderbaren Wasser findet man übrigens im Kibbuz »Ein Gedi«, der in die Oase oberhalb des Toten Meeres gebaut ist.

Auf der Fahrt zurück, bergauf in Richtung Meeresspiegel und darüber, taucht die untergehende Sonne die Anhöhen auf jordanischer Seite in ein fast göttliches Rot. Ein Naturschützer hat das Tote Meer einmal als »achtes Weltwunder der Natur« bezeichnet. Ich weiß jetzt, warum.

WENN MAN SCHON MAL HIER IST:
Auch in »Ein Gedi« ☐→ dreht sich alles ums wertvolle Nass (ngedi.co.il). Dort allerdings plätschert Süßwasser aus dem Gebirge. Das macht es möglich, dass inmitten der kargen Landschaft alles grünt und blüht: Im botanischen Garten des Kibbuz – dem einzigen der Welt, in dem Menschen leben – gibt es 900 verschiedene Pflanzen, darunter Hunderte Kakteenarten. Und in dem netten Café kann man sich prima vor der Rückfahrt stärken.

WENN MAN
SCHON MAL IN
RAMAT AVIV UND
AUSSERHALB
IST

+++ SEHEN +++

+++ ESSEN +++

+++ AUSGEHEN +++

+++ SHOPPEN +++

+++ SCHLAFEN +++

☐↑ KLAGEMAUER UND FELSENDOM (JERUSALEM)

Wahrscheinlich einer der umkämpftesten Orte der Welt. Unten das höchste Heiligtum der Juden, direkt darüber das drittheiligste der Muslime. Die Klagemauer ist heute die größte Freiluftsynagoge der Welt. 2000 Jahre zuvor war sie eine Außenmauer des Jüdischen Tempels von Herodes, den die Römer im Jahr 70 zerstörten. Direkt darüber befinden sich die Al-Aksa-Moschee und der Felsendom mit der goldenen Kuppel, bekannt aus den 20-Uhr-Nachrichten. In dem ältesten islamischen Sakralbau soll der Fußabdruck des Pferdes zu sehen sein, auf dem der Prophet Mohammed gen Himmel ritt. Verziert mit wunderschönen Kacheln.

+++ JÜDISCHES VIERTEL, ALTSTADT +++ TRAM DAMASCUS GATE ODER CITY HALL +++ KLAGEMAUER IMMER ZUGÄNGLICH +++ NICHT-MUSLIME DÜRFEN DAS AL-AKSA-AREAL BESUCHEN, ABER NICHT INS INNERE; EINLASS MEIST SO-DO 7-11.30 UHR UND 14.30-15.30 UHR +++

GRABESKIRCHE (JERUSALEM)

Die Grabeskirche stellt die letzte Station der Via Dolorosa dar. Überlieferungen zufolge war es Kaiser Konstantins Mutter Helena, die hier die Stätten fand, an denen Jesus gekreuzigt worden und auferstanden sein soll, und die das erste Gotteshaus errichtete. So steht es hier seit fast 1700 Jahren, oft zerstört und immer wieder aufgebaut. Heute ist die Grabeskirche in der Hand sechs christlicher Konfessionen. Das Heilige Grab bildet das Zentrum, nach langem Hin und Her wurde es kürzlich renoviert.

+++ CHRISTLICHES VIERTEL, ALTSTADT +++ TRAM DAMASCUS GATE ODER CITY HALL +++ GEÖFFNET: FRÜHER MORGEN BIS 21 UHR, IM WINTER BIS 19 UHR +++

ISRAEL MUSEUM JERUSALEM (JERUSALEM)

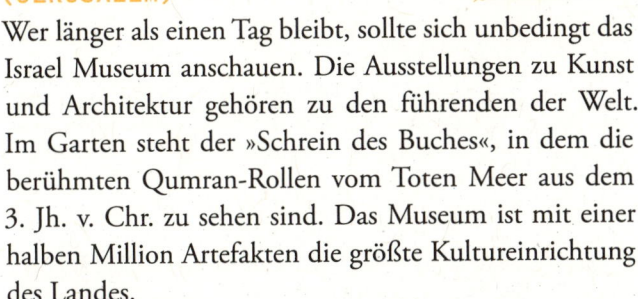

Wer länger als einen Tag bleibt, sollte sich unbedingt das Israel Museum anschauen. Die Ausstellungen zu Kunst und Architektur gehören zu den führenden der Welt. Im Garten steht der »Schrein des Buches«, in dem die berühmten Qumran-Rollen vom Toten Meer aus dem 3. Jh. v. Chr. zu sehen sind. Das Museum ist mit einer halben Million Artefakten die größte Kultureinrichtung des Landes.

+++ RUPPIN BLVD. 11 +++ 54 NIS, ERM. 39 NIS +++ BUS 9/14/66 BURLA/AVIGAD +++ SA-DO 10-17 UHR, DI BIS 21 UHR, FR 10-14 UHR +++ WWW.IMJ.ORG.IL (VERSCHIEDENE TOUREN) +++

8

ANU MUSEUM DES JÜDISCHEN VOLKES (RAMAT AVIV)

Für wen Mazzobälle oder Kiddusch böhmische Dörfer sind, der kommt am besten ins Anu. Das neu gestaltete Museum des jüdischen Volkes zeigt 4000 Jahre Geschichte und Gegenwart auf drei Etagen und gilt als umfassendstes jüdisches Museum der Welt. Von der Planung bis zur Fertigstellung verging fast ein Jahrzehnt. In den Ausstellungen zu Sprache, Religion, Küche und Kultur gibt es jede Menge Kurioses wie den rituellen Weinbecher als coffee to go – in Echtgold. Weitere Highlights sind die Gitarre von Leonard Cohen und die Schreibmaschine von Autor Isaac Bashevis Singer. Großer interaktiver Bereich für Kinder.

+++ KLAUSNER ST. 15 (GATE 2) +++ 52 NIS, ERM. 42 NIS +++ BUS 7/25/271 ANU/KLAUSNER +++ SO-MI 10-17 UHR, DO 10-22 UHR, FR 9-14, SA 10-17 UHR +++ ANUMUSEUM.ORG.IL +++

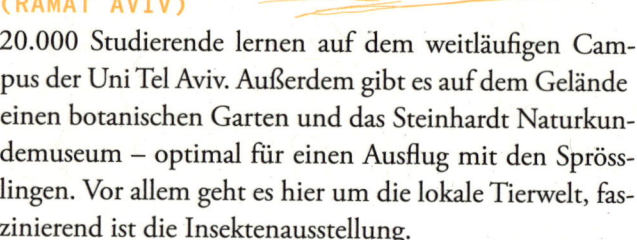

UNIVERSITÄT MIT NATURKUNDEMUSEUM (RAMAT AVIV)

20.000 Studierende lernen auf dem weitläufigen Campus der Uni Tel Aviv. Außerdem gibt es auf dem Gelände einen botanischen Garten und das Steinhardt Naturkundemuseum – optimal für einen Ausflug mit den Sprösslingen. Vor allem geht es hier um die lokale Tierwelt, faszinierend ist die Insektenausstellung.

+++ KLAUSNER ST. 12 +++ 50 NIS, KINDER BIS 5 JAHRE FREI +++ BUS 7/25/271 ANU/KLAUSNER +++ MO/MI 10-16 UHR, DI/DO/SA 10-18 UHR, FR 10-14 UHR +++ SMNH.TAU.AC.IL +++

MACHNEYUDA (JERUSALEM) □→

Eines der beliebtesten Restaurants des ganzen Landes liegt auf dem gleichnamigen Markt. Auf den Tisch kommen coole Kreationen wie »geklautes Tuna-Sashimi mit Kirschen«, die Gäste oft in Lobgesänge ausbrechen lassen. Als Hintergrundmusik hauen die Chefköche Assaf Granit und Uri Navon auf Töpfe und Pfannen. Tasting Menu 345 NIS.

+++ BEIT YAAKOV ST. 10 +++ TRAM MAHANE YEHU-DA +++ TÄGLICH 12.30–16 UHR, 18.30–0 UHR +++ MACHNEYUDA.CO.IL (ZEITIG RESERVIEREN!) +++

TALBIYE (JERUSALEM)

Wundervoll altmodische Brasserie, in der man romantisch frühstücken kann. Die Portionen sind stilvoll angerichtet und lecker. Es gibt auch eine Mittags- und Abendkarte.

+++ CHOPIN ST. 5 +++ BUS 91 CHOPIN +++ SO-DO 12–24 UHR, FR/SA 9–0 UHR +++ TALBIYE.COM +++

M25 (RAMAT AVIV)

Nur für Fleischfresser! Der originale »Meat Market« ist auf dem Carmelmarkt. Beide Filialen bereiten ausschließlich Rind aus Israel zu. Das gibt's in Form von Burgern, Kebab, Schnitzel, Schawarma … Okay, drei Salate stehen auch auf der Karte.

+++ BRODETSKY ST. 15 +++ BUS 7/11/171 BRO-DETSKY/SALVARDOR +++ MO-FR 12–23 UHR, SA 12–17 UHR +++ M25MEAT.CO.IL +++

8

AROMA (RAMAT AVIV)

In der israelischen Café-Kette findet fast jeder, was ihm schmeckt. Sie ist berühmt für dicke Sandwiches und große Salate zu zivilen Preisen. Viel Veganes auf der Karte.

+++ IM ANU MUSEUM (SIEHE S. 236) +++

++++++++++++ **AUSGEHEN** ++++++++++++

MAHANE YEHUDA MARKET (JERUSALEM)

Abends wird der kunterbunte Markt zur Ausgehmeile. Wenn die Rolltore der Einkaufsstände runtergelassen sind, kommen die Porträts von Berühmtheiten zum Vorschein, mit denen sich Graffitikünstler hier verewigt haben. Dazwischen liegen Dutzende chillige Bars mit einem netten Völkchen.

+++ TRAM MAHANE YEHUDA +++ EN.MACHNE.CO.IL +++

YELLOW SUBMARINE (JERUSALEM)

Seit mehr als 20 Jahren der Ort, um in der Stadt Livemusik zu hören. Ob Jazz, Funk, Folk oder Rock, hier gibt es fast alle Richtungen auf die Ohren.

+++ HARECHAVIM ST. 13 +++ BUS 30 HADAR MALL/ KOENIG +++ YELLOWSUBMARINE.ORG.IL +++

++++++++++++ **SHOPPEN** ++++++++++++

ELI KOUTZ (EK-) KERAMIK (JERUSALEM)

Mein Lieblingsladen für traditionelle armenische Keramik. Der charmante Eli hat von Tellern über Vasen bis zu wundervollen Salatschüsseln ein riesiges Sortiment. Alles ist mit Preisen ausgezeichnet. Hier handelt man nicht – angenehm!

+++ CHRISTIAN QUARTER RD. 28 +++ TRAM YAFO GATE +++ TÄGL. 10-19.30 UHR +++

ELIA PHOTOS (JERUSALEM)

Abzüge von historischen Fotos der Stadt, viele noch von Ladengründer Elia Kajvedjian selbst geschossen, sind ein besonderes Souvenir. Sein Sohn George verkauft sie in verschiedenen Größen, auch als Postkarten.

+++ **AL KHANKA ST. 14** +++ **TRAM YAFO GATE** +++ **TÄGL. 10-19.30 UHR** +++ **ELIAPHOTO.COM** +++

++++++++++ SCHLAFEN ++++++++++++

KIBBUZ »EIN GEDI« (TOTES MEER) □↑

Mitten im botanischen Garten: Gästehaus mit 166 Zimmern und Suiten. Sie sind schlicht designt, die Hauptrolle spielt die atemberaubende Natur. Im Synergy-Spa steht Wüsten-Wellness auf dem Programm. Bei Bädern in Salzwasser, Massagen und Schönheitsanwendungen kann man tiefenentspannen. DZ ab 700 NIS, Suite ab 1.100 NIS, auch Halb- oder Vollpension.

+++ **ANREISE MIT DEM AUTO** +++ **NGEDI.CO.IL** +++

ABRAHAM HOSTEL (JERUSALEM)

Von außen wirkt das Hostel wie ein Finanzamt, innen ist es hell und bunt. Die Zimmer sind schlicht, funktionell und sauber, Luxus findet man hier nicht. Dafür aber umso mehr Gleichgesinnte. Auf der Dachterrasse, am Poolbillard und an der Bar tauschen sich Rucksacktouristen aus aller Welt aus. Gute Lage! Übernachtung im 10er-Dorm ca. 85 NIS, DZ ab 320 NIS.

+++ **HANEVIIM ST. 67** +++ **TRAM DAVIDKA SQ.** +++ **ABRAHAM.TRAVEL** +++

8

DANKE: Ich danke allen freundlichen und aufgeschlossenen Menschen in Tel Aviv, die mich hinter die Fassaden und über den Tellerrand hinaus lugen ließen und mir damit mal einen ganz anderen Blick auf meine Lieblingsstadt bescherten. Toda raba auch an alle Freunde, die geduldig meine Fragen nach den besten Tipps beantworteten. Ein besonderes dickes Dankeschön gebührt meiner Familie, die mich oft begleitete – und die zum Glück richtig abenteuerlustig ist.

FOTOS:

Alle von Sabine Brandes, außer: Coverfoto: Adobe Stock: Rudolf Balasko; S. 23, S. 88/89, S. 165, S. 193 (rechtes Foto): Oron Zachar; S. 33, S. 115: Dana Wüstemann; S. 120/121, S. 229: Dean Brandes; S. 203: Yuval Levy

IMPRESSUM:

Text und Recherche: Sabine Brandes; Herausgeberschaft und Redaktion: Matthias Kröner; grafisches Konzept, Layout und Covergestaltung: Berit Kröner; Illustrationen: Mirja Schellbach; Lektorat: Dr. Felicitas Igel; Korrektorat: Eva Wagner; Druck: Westermann Druck Zwickau GmbH

BLAUER ENGEL
DAS UMWELTZEICHEN
MI6

www.blauer-engel.de/uz195
· ressourcenschonend und umweltfreundlich hergestellt
· emissionsarm gedruckt
· überwiegend aus Altpapier

Dieses Druckprodukt ist mit dem Blauen Engel ausgezeichnet

ISBN 978-3-96685-003-2